待ってました！70代

ニュージーランド留学・九州一周バイクの旅・健康づくり

金崎　良三 著

花書院

まえがき

私は、九州大学に二〇年、佐賀大学に一八年、福岡女子大学に五年、体育の教員として勤務しました。二〇一六年三月、合計四三年間の長きにわたった勤めを無事に終えて、定年を迎えることができました。たいへん有難いことであったと思っています。

さて定年を迎えた人なら誰でも、その後の人生をどう生きていくかという問題に直面します。定年後の人生は人さまざまでしょうが、つまるところ好きなように生きていけばいいわけです。私の場合は、最終的に七〇歳で退職となったので、定年後というのは七〇代から始まりました。私は、やりたいことが自由にやれる定年後の人生を密かに心待ちにしていました。そして今日まで、二つのことにチャレンジしました。一つは、ニュージーランドへの留学を決行したことです。この留学は、佐賀大学在職中に計画していたものです。もう一つは、バイクで九州一周の旅をしたことです。バイクは中学・高校時代に家業の手伝いを兼ねてよく乗っていました。その後長いブランクを経て、定年後になって再び乗り始めました。そのうちに、遠くまで出かけるツーリングがしたいと思うようになった次第です。

最近、日本人の寿命が延びてきたことを背景に、七〇代や八〇代の生き方に焦点を当てた書籍が何冊も刊行されています。ほとんどブームといっていいくらいです。私も、七〇代でチャレンジした留学とバイクの旅について、これらの計画と実行、その過程で経験したことや感想などをまとめて本にしようと思い立ちました。一応、完成した原稿を読んでみて感じたのは、もう一つか二つ新たなチャレンジを加えた方が、話題が増えていいのではないかということでした。しかしそのことを待っていたのでは、あと何年かかるかわかりません。一方、当然のことですが私に残された時間はだんだん少なくなっていきます。そのため、今の時点で何とか出版できればという思いを強くしました。そこで本書では、七〇代のチャレンジはもとより社会生活を送る上で、その土台となる「健康づくり」について一章を設けることにしました。この章は、私がこれまでに著書を通じて発表してきた内容を、部分的に取り込みながら新たに加筆修正したものです。

最後になりましたが、本書の出版に際して花書院の仲西佳文さんには本の体裁や表紙のデザイン、各章の構成について適切な助言をしていただくなど、たいへんお世話になりました。ここに厚くお礼申し上げます。

令和四年一一月三〇日

金 崎 良 三

目次

第二章　七六歳の九州一周バイクの旅

第三章　長寿社会における健康づくり

第 1 章

70 歳のニュージーランド留学

留学先のオタゴ大学のシンボル・時計塔

なぜニュージーランド留学か

佐賀大学教育学部に在職中のことですが、私は学部の改組に伴う新しいカリキュラムとして海外研修セミナーという科目の創設に関わりました。これからの国際化社会を視野に入れて、大学でも学生の教育をすることは時代の要諦といっていいでしょう。それには、語学力を身に付けることと共に外国のことを学習することが求められます。なかでも、実際に外国に出かけて行きそこでいろいろな経験をすることは、国際感覚を身に付けるためにも重要なことと思います。

海外研修セミナーは、教育学部の健康福祉・スポーツ専攻の学生を対象にして、「スポーツや健康、福祉関連施設の視察と資料収集、異文化交流体験などを通して国際的視野を広め、各自の専門性や向上心を高める」ということを目的にしたものです。実際の開設に当たっては、他学部や他学科の学生でも受講希望者があれば受け入れてきました。このセミナーは、引率する教員の都合によって二年連続であったり三年ぶりであったりと、その開設年度は決まっていませんでした。一九九九年に一回目を開始して、三回目までは米国でこのセミナーを実施しました。ところが、二〇〇一年に例の「九・一一同時多発テロ事件」

が起こり、それ以降は治安上の問題が浮上してきたため、別の国で実施すべく関係する教員で検討を重ねました。そこで浮上してきた国がニュージーランドでした。この国を選んだ主な理由は、私と専門分野が同じで以前から親交があったオタゴ大学のジャクソン教授(Steve Jackson)の存在があったからです。セミナー受講生に、オタゴ大学で体験学習をさせる計画も念頭にありました。実際、ジャクソン教授に私たちのセミナーの計画やそこでの研修について相談したところ、快く承諾していただきました。

二〇〇三年九月、ニュージーランドで研修セミナーが実施可能かどうか現地調査をするために、私と他に教員一人および同行を希望する学生二人と共に初めてこの国を訪問しました。その結果、治安の面をはじめ費用や日程、訪問施設、活動プログラムなどについて総合的に判断したところ、十分実施可能であるとの結論に達しました。その後、私は研修セミナーの受講生を引率して定年退職を迎えるまで、計四回ニュージーランドを訪問しました。このセミナーを通じて、この国の自然の美しさや異なる文化、人びとの親切さなどに触れるにつれて、私自身この国がとても気に入り関心を高めていった次第です。

私はスポーツに関する研究を専門としてきましたが、ニュージーランドのスポーツについては恥ずかしながらラグビーが盛んであるということと、国家代表のオールブラックスの存在を知っている程度でした。私はこのセミナーで、スポーツや健康、レクリエーション関連の施設やイベントなどの視察を通じて、ニュージーランドではラグビーはもとより幅広くスポーツが盛んであることを肌で感じてきました。そして、ニュージーランドのスポーツについてもっと知りたいと思うようになりました。

しかしながら、日本には体育・スポーツの分野でニュージーランドのスポーツを専門に取り上げた書籍は一冊も見当たりません。その他の文献・資料をいろいろ探してみたのですが、ほんの僅かしか入手できませんでした。要するに、ニュージーランドのスポーツについての情報は極めて少ない状況にあります。そこで、二〇一五年九月に改めてこの国を訪問し、オタゴ大学において一週間ほどかけてニュージーランドの体育・スポーツ、レクリエーション関係の文献を調べました。その結果、私の知りたいことを扱っている文献・資料は、図書館にある書籍をはじめネット検索を通して非常に多く存在することがわかりました。そして、ニュージーランドのスポーツついての知識をより深めるためには、現地に長期間滞在して調査・研究する必要があるという思いを強くしました。「定年後の人生をどう過ごすか」という問いへの回答は、人それぞれいろいろあっていいわけですが、私の場合その一つがニュージーランドへの留学でした。

二〇一六年三月、最後の勤め先となった福岡女子大学を七〇歳で定年退職しました。晴れて自由の身となり、かねてから計画していたニュージーランド留学を決行する時期が到来したわけです。留学先のオタゴ大学は、ニュージーランドの南島にあるダニーデンという街にあります。留学の目的は、ひと言でいえば「ニュージーランドのスポーツについての知識を深める」ことです。いいかえれば、ニュージーランドのスポーツについてもっと知りたいという好奇心を満たすための留学といってもいいでしょう。もちろん、このことは留学する上での主な目的であって、この他にもニュージーランドにおける旅行やスポーツ観戦、

オタゴ大学の正面入口

テニス、ショッピング、食事などを含めた生活全般をエンジョイすることも念頭にありました。また現地では、「どんな人たちとの出会いがあるのであろうか」ということも、期待される楽しみの一つでした。

ニュージーランドはどんな国か

ニュージーランドは、南太平洋に浮かぶ自然豊かな島国で、主に北島と南島の二島から成っています。国土面積は日本の七割強で本州と九州を合わせたくらいの大きさです。

気候については、全体的に温暖で日本と同様に四季があります。ただし、南半球にあるので季節は日本とまったく逆になります。小さくて海

ニュージーランドの都市

に囲まれ、南北に細長い島国であることや火山活動があって地震も多く温泉もあるという点は日本と似ています。豊かな自然と恵まれた気候は、野外でのスポーツやレクリエーション、その他の野外活動を実施するのに適しています。

一方、人口規模は日本と大きく異なります。二〇二〇年の推定人口は約五〇八・四万人で、日本の約二五分の一を占めるに過ぎません。ニュージーランドは、歴史的に海外からの移民によって形成されてきた多民族国家であり、現在の人口はヨーロッパ系住民が最も多く約七四%、次いで先住民のマオリ民族が一五%、その他アジア系住民やサモアやトンガ、フィジーなど太平洋諸島民族などによって構成されています。

ニュージーランドの経済規模は小さく、国の産業は農林水産業や観光関連産業が中心となっています。オーストラリアをはじめ太平洋州、アジア諸国との貿易が盛んで、第一次産品、乳製品、肉類、木材・木製品、水産品、ワイン、羊毛品、果実類などが主に輸出されており、これらは全輸出の六割以上を占めています。

またニュージーランドでは、英語とマオリ語と手話が公用語とされています。一般的に使用されているのは英語ですが、イギリス英語を基本としながらも独自の綴りや発音による表現があります。

最後に、政治と社会の特徴について見てみましょう。ニュージーランドの政治体制は、国王を国家元首とする立憲民主制をとっています。国王は英国国王ですが、実質国王から任命されたニュージーランド総督が国王の職務を代行します。行政府の長である首相は、総選挙で最も多くの議席を得た党の党首が選出され総督が任命します。歴史的には、労働党と国民党という二大政党が政権交代を繰り返してきました。現在の政権を担っているのは労働党であり、その党首であるアーダーンさんが女性で三人目の首相として国の舵取りをしています。何と三七歳の若さで首相に就任しています。

またニュージーランドは、女性参政権や八時間労働制、最低賃金制、義務教育無償制、児童手当制などを世界に先駆けて採用し、国民の生活や福祉を重んじるなど、進歩的社会理念を持った国家として知られています。

手間取ったビザの取得

ニュージーランドには、三カ月以内の滞在であればビザなしで入国できますが、それ以上の滞在になればビザを取得しなければなりません。そこでまず、ビザの申請書を取り寄せて必要事項を記入し、東京都港区にある「ニュージーランドビザ申請センター」に提出します。ただし、このビザ申請センターは申請書と必要書類が揃っているかどうかをチェックするだけで、実際は中国の上海市にある「ニュージーランド移民局」が書類審査をしてビザを発給することになっています。私の場合は、オタゴ大学でスポーツの研究に従事するためのビザ申請です。ビザの種類は、一応労働ビザのカテゴリーに入るのですが、その中の客員研究員ビザということになります。申請書の中には、本人の氏名、住所、電話番号、メールアドレス、簡単な履歴（写真添付）、パスポートの番号・有効期限、ニュージーランドでの保証人・知人などを書く欄があります。保証人には、ジャクソン教授にお願いしてなっていただきました。申請書の他に幾つか書類を必要としました。それらは、本人の履歴書、大学からの招聘状、パスポート、健康診断書です。履歴書は、申請書の記入欄は簡単な内容でしたのでより詳しいものを作成しました。招聘状は、オタゴ大学が訪問研究員として正式に受け入れるという文面で、これもジャクソン教授を通じて手配していただきました。パスポートは現物が必要とのことでしたので、しかたなくそのまま送付しました。海外の研修や旅行の場合など、たいていはコピーで用は済みますが、今回はどうして現物なのかその理由がわかりません。チェックが済んでから、後日返送してきました。

健康診断書は、指定の医療機関で作成することとなっています。私の住む福岡市の場合は、「結核予防センター」がこの業務を請け負っています。健康診断書については、肺のエックス線写真に問題があるということで再提出を要求されました。それは、右側の第四肋骨部分に白く映った影があるというものでした。私は現役時代、毎年健康診断は受けており肺に異常があると指摘されたことは一度もありませんでしたが、先方の所見を持参して再度「結核予防センター」に出かけて行き事情を話しました。すると、担当の医者によると「この部分は石灰化の兆しが表れているけれどまったく問題はありません」ということでした。この程度の石灰化は、日本では問題にされないそうです。そして、医者の説明文を改めて移民局に提出しました。その後は何もいってきませんでしたので、この説明に納得したものと思われます。

以上の他にも、幾つかの点で書類を整えて提出するようにいわれました。一点目は、「ニュージーランドで一年間生活するための資金があることを証明せよ」というものです。この点は、銀行の預金通帳の残高をコピーしてその金額をニュージーランドドルに換算して示し、問題ないことを説明しました。二点目は、「大学で研究していくための能力なり資格があることを証明せよ」というものです。こんなことを要求するとは、「能力があるうがなかろうが本人が研究したいというならさせればいいではないか」とつい思ってしまいました。しかたなく、これまで三つの大学で講義してきた教科名および作成した著書と論文のリストをつくり英訳して提出することにしました。三点目は、「大学で研究するための語学力を証明せよ」というものです。この点については、若い頃英語検定やトーフル（TOEFL）のテストを受けたことはありますが、これらの結果を提出するのはあまりにも昔の話なので止めることにして、「英語力は問題なし」と自己評価して文書をつくりました。ところが後日、移民局の担当者から国際電話が自宅にかかってきました。これには驚きました。電話の内容は、留学の準備状況についての質問でしたが、適当に答えておきました。要するに、電話を通して私の会話能力を試しているものと思いました。

この移民局は、その他にも「教育・研究機関で活動したことがあるかどうか」、「海外の研究機関に雇用された経験があるかどうか」、「日本で雇用主がいたりまたは所属している組織があるならそこからの派遣証明書を提出すること」やニュージーランドでは「大学に授業料を納入するのかどうか」、「研究活動に対する報酬を受け取るのかどうか」など実にいろんなことを聞いてきました。私は、「日本の大学で教育・研究に従事してきた」、「現在は定年退職してどこにも勤めていない」、「学生ではないのでオタゴ大学に入学するのではない」、「大学で講義して報酬を受け取ったりしない」など、納得してもらえるように返答しました。それにしても、想定外の問い合わせがあまりにも多過ぎると感じました。いろいろ手間取ったのですが、後日移民局から送信されたビザを受信したときはホッとしました。ひとまずヤレヤレでした。

少ない七〇歳の海外傷害保険

外国で病気やケガをしたりしたとき、その治療費は日本とは比較にならないほど高いのが普通です。したがって海外に行く場合、滞在する期間の長さに関係なく傷害保険に入っておくことは大切なことです。佐賀大学時代に実施した海外研修セミナーにおいても、米国では約三週間、ニュージーランドでは約二週間の日程でしたが、受講生には必ず傷害保険に入るよう指示しました。海外傷害保険は大学の生協で取り扱っているので、各自自分に合った保険を選択して加入手続きをするようにしました。受講生の傷害保険についての考え方や経済状況も違うので、このような方法を取ったわけです。

さて私の場合、ニュージーランド留学で滞在するのは一年間の計画です。研究の進捗状況によっては、延長することも考えていました。そこで、いろいろ保険会社の資料を取り寄せて検討したのですが、七〇歳以上が加入できる保険を取り扱っている会社は当初なかなか見つかりませんでした。留学やワーキングホリデーなど長期滞在者向けの傷害保険は、六九歳までの補償プランを設定している会社が多く見られました。そして、ようやくのこと見つけたのが「東京海上日動火災」の傷害保険で、七〇歳以上の補償プランも設定してありました。補償の条件によって保険料は当然違ってきますが、私がこの会社の傷害保険に加入したのはごく一般的な補償内容のもので、保険料は約二五万円でした。ただし同じ補償内容でも、七〇歳以上になると六九歳以下よりも保険料が高い設定になっていました。僅か一歳の違いで、これほど差があるのかと思ったものです。

私が海外傷害保険の加入手続きをしたのは、留学前の二〇一六年九月のことでしたが、その後七〇歳以上を対象にした傷害保険はどうなっているのかを確かめようと思い、「保険Timesカスタマーサポート」というところに問い合わせて資料を送信してもらいました。それらは、「AIG」、「東京海上日動火災」、「三井住友海上」、「ジェイアイ傷害火災」および「日清火災」の五社の資料でした。七〇歳以上で加入できる期間一年の保険を取り扱っているのは、「東京海上日動火災」と「ジェイアイ傷害火災」のみで、他の三社は六九歳以下を対象にしていました。「ジェイアイ傷害火災」は、持病や既往症の内容によっては加入できない場合があるとのことでした。

ということで、この点は以前と事情はそれほど変わっていないようです。なぜ七〇歳以上の長期滞在者が加入できる傷害保険を設定している会社が少ないのでしょうか。私が検討した傷害保険および「保険Timesカスタマーサポート」による情報から察しますと、各保険会社は七〇歳以上の高齢者が海外へ留学したり長期滞在することをあまり想定しておらず、また高齢ゆえに病気したりケガしたりすることへの不安があり、したがって補償費支払いの面でリスクが高いと判断しているものと思われます。

ニュージーランド入国

ニュージーランドへの留学をするに当たって、当初家族も心配していましたし、私自身も不安に思うことは一切なかったといえばウソになります。そこで、現地での生活が落ち着くまでは妻にも同行してもらうことにしました。

二〇一六年一一月三日、私たち夫婦は成田空港からオーストラリアのケアンズに向けて出発しました。当時、ケアンズから車で一時間ほどのところにあるマリーバという町に住んでいた娘夫婦を訪ねるためです。ケアンズは、オーストラリア北東部にある港湾都市で、近郊には世界最大のサンゴ礁地帯を抱えるグレートバリアリーフやその中に浮かぶグリーン島、世界最古の熱帯雨林にたたずむキュランダ村などがあり、観光地として高い人気を誇っています。またマリーバは、道端には岩のようなアリ塚があちこちに見られ、果物や野菜、コーヒーの産地として有名なこぢんまりとした町です。私がニュージーランドに入国する前にケアンズに行くことにしたのは、観光目的の他にもう一つ理由がありました。それは、娘に私たちと一緒にニュージーランドに来てもらうためでした。娘夫婦は、かつて仕事の関係でニュージーランドの北島に三年半ほど住んだことがあります。ニュージーランドで留学生活を始めるとなると、しなくてはならないことがいろいろあります。こうした留学生活の準備を娘にも手伝ってもらうことにしたわけです。

一一月七日、私たち夫婦と娘の三人は、ケアンズからブリスベン経由でニュージーランドのオークランドに向かって出発しました。直行便ですと、平均飛行時間は四時間二五分ですが、今回の場合は合計で約五時間三〇分ほどかかりました。時間はかかったのですが、夕方オークランド国際空港に無事到着しここで入国手続きを済ませました。この日は空港近くのホテルで一泊しました。次の日、ニュージーランド航空の国内線に乗るため、ターミナルまでまず無料のシャトルバスで移動です。オークランド空港は、国際線と国内線のターミナルは随分離れています。とても歩いて行けるような距離ではありません。オークランドからオタゴ大学があるダニーデンの空港まで直行便ですと平均一時間五五分ですが、ここでもまた首都のウエリントン経由の飛行となったため二時間三〇分ほどかかりました。随分遠回りした気分でしたが、この日の午後やっとのこと目的地のダニーデンに到着しました。荷物が結構あったので、空港からタクシーを利用して予約していたオタゴ大学近くのモーテルに向かいました。アパートが見つかるまでは、このモーテルに数日宿泊することにしました。このモーテルは、海外研修セミナーでオタゴ大学を訪問する際にはいつも利用していたところです。何度も利用しているので、モーテルのオーナーとも顔なじみとなり何かとサービスしてくれます。翌日、これからお世話になるジャクソン教授に挨拶するため、家族で大学の研究室を訪問しました。教授は私たち家族を暖かく迎えてくれました。

家族で南島旅行

一一月一二日から二二日までの一一日間、家族三人で南島をレンタカーで旅行しました。最初に訪れたのは、南島の中心的都市クライストチャーチです。人口は約三八万人でニュージーランドでは二番目に大きな街ですが、二〇一一年二月に起きたM六・三のクライストチャーチ地震によって甚大な被害を受けています。街のシンボルだった大聖堂をはじめ、多くの建物が崩壊し死者は日本人二八人を含む一八五人、負傷者は三〇〇〇人以上に上りました。私たちがこの街に来たのは、地震発生から六年後のことになりますが、賑わっていたメインストリートでの人びとの往来も少なく商店街も壊滅的被害を受け、いたる所に空き地があってかつての面影はありません。建物や道路の工事があちこちで行われていましたが、完全復興には遠く及ばない状況でした。市内のモーテルに宿泊したのですが、何とその日の夜中に震度三〜四くらいの地震があったのです。随分長くモーテルも揺れました。こんなに長い揺れを感じたのは初めてでした。地震のため、予定していた温泉地のハンマースプリングスに行くのを諦めて、アッシュバートンに一泊して観光地テカポへ向かいました。

テカポは、美しいテカポ湖や羊飼いの教会があり、星空が観賞できることでも有名です。近年、観光スポットとしての人気が高まっているようで、新しくモーテルや大きな土産物店、ホットプールができており、多くの観光客で賑わっていました。新名所となったホットプールは「テカポスプリングス」と呼ばれており、少しぬるめの湯でしたが目の前に広がる美しい景色を眺めながらの温泉気分は格別でした。次の日は、マウントクックへの日帰りツアーをしました。途中には水のきれいなプカキ湖があります。マウントクックではちょっとしたトレッキングをする予定でしたが、あいにくの雨模様のため中止しました。

水のきれいなプカキ湖

次の訪問地はクイーンズタウンです。小さな街ですが、宿泊施設やレストラン、土産物店などが充実しており、年間約一三〇万人の観光客がやって来るといいます。この街では、中心部にあってとても便利なホリデーパークというモーテルに泊まりました。クイーンズタウンは、四季に応じたいろんなアクティビティが楽しめる街です。私と娘は、立ったまま乗るセグウェイにチャレンジしました。出発前に操作の仕方について講習を受けましたが、誰でも簡単に操作できます。その後、インストラクターの先導で街中を移動するのですが、平地はもちろんある程度の坂道もグイグイと登ることができます。とても面白い体験でした。

また、クイーンズタウンから車で三〇分ほどの距離にあるアロータウンにも行ってみました。アロータウンはかつてゴールドラッシュで栄えた小さな町です。メインストリート沿いには、カフェや店が立ち並び所々に昔の面影が残っています。

次に訪問したのはテアナウです。ここで有名なのは土ホタルツアーですが、実は二年前に家族で北島を旅行したときに同じツアーに参加したことがあるので、今回はスルーしました。この町でもう一つ見逃せないのがミルフォードサウンドでのクルーズツアーです。当日はあいにく雨が降っていて、船の看板に出ることができず残念でした。雨のせいでしょうか、流れ落ちる滝の数が多いように感じました。

以上、訪れた観光地は私自身六年振りのことでしたが、懐かしさと共に新鮮さを感じる点もありました。こうして、ニュージーランドにおいて家族で旅行できたことは有難いことでした。旅の予定は一部変更しましたが、無事にダニーデンのモーテルに戻ることができました。

大学近くのアパートに入居

留学生活を始めるに当たっては、その拠点となるアパートをまず探さないといけません。オタゴ大学には、学生のアパートを斡旋する業者が入っており、とりあえずそこのオフィスを訪ねました。何カ所か紹介してもらいましたが、やはり学生向けのアパートでありいずれも条件が合わなかったり、部屋を見ることができなかったりして決めることができませんでした。しかたなく大学近くの道を歩いていたらアパートらしき建物があり、入居者を募集していました。連絡先に電話したところ、マネージャーという人物が出て、そのアパートで会うことになりました。マレーシア出身というマネージャーでしたが、彼が推薦したのは別の所のアパートで、実際に見に行くことにしました。そのアパートは、大学までは歩いて四～五分、ニューワールドというスーパーには一〇分足らずで行ける便利な所にありました。ワンルームの部屋はまあまあの広さで、家賃は少し高いかなと思ったのですが、早く決めたい気持ちもあって入居することにしました。ただし、私たちが入る部屋にはまだ人が住んでいて一二月半ばに退去するということでした。一応入居の契約を済ませてから、私たちは南島の旅に出たというわけです。

旅から戻って契約したアパートの部屋が空くまで、三週間以上モーテルに泊まることになりました。このへんの事情をモーテルのオーナーに話すと、彼は私たちを長期滞在者ということで部屋代を大幅にディスカウントしてくれました。当時、モーテルの宿泊代は一泊一四〇ドル（一万二〇四〇円）でしたが、これを九〇ドル（七七四〇円）まで割引してくれました。実に三六％のディスカウントです。オーナーとは顔なじみであったからか、それとも長期滞在者扱いの平均的ディスカウントであったのかはともかく、実にラッキーなことでした。オーナーの話によると、病気治療のため長期に滞在する人がときたま来ることがあって、その場合その人の実情に応じて宿泊代を安くしているということでした。何と寛大な対処の仕方でしょうか、私はますますこのオーナーが気に入りました。

一一月二七日、これまで私の留学生活の準備のためにいろいろ手伝ってくれた娘がこの日オーストラリアに戻ることになりました。アパート探しをはじめ銀行口座の開設、デビットカードの作成と使い方、自転車他いろいろな生活物資の購入など、英語ができる娘がいたので大助かりでした。午前中、エアポートシャトルを利用して娘を送りに空港まで行きました。後日、娘から無事マリーバに着いたとのメールがあり一安心しました。

一二月一六日、長かったモーテル暮らしが終わって契約していたアパートに入居しました。テレビ、冷蔵庫、ポット、電子レンジは備え付けで、キッチンは共同利用です。キッチンには、自由に使えるトースター、調理器具、各種鍋、皿、ナイフ、フォークなどが備わっています。このアパートの部屋代は週三二〇ドル、一カ月では一二八〇ドル（約一一万円）です。入居に際しては、ボンド（Bond）といって部屋代とは別に一カ月分納入します。これは退去するときに返金されます。日本でいう敷金みたいなものです。部屋代のことをレント（Rent）といいますが、銀行から二週間ごとに不動産会社に振り込むように手続きしました。しばらくアパートの部屋に住んでみて、小さなテーブルやパイプ椅子、スタンド、鍋、寝袋、じゅうたん、バスマットなど必要と思われる物を新たに買い揃えました。これで生活の基盤が一応できたことになります。

全豪オープンテニスを観戦

年が明けて二〇一七年一月一四日、私たち夫婦はテニスの全豪オープンを観戦するためダニーデン空港に向かいました。約一時間のフライトでクライストチャーチ空港に着き、ここで国際線に乗り換えて約四時間後メルボルン空港に到着しました。全豪オープンテニスは、以前から娘も一緒に見に行くことにしていました。空港には娘と同行する知人の二人がケアンズから来ていました。合流した私たち四人は、その後予約していた市内中心部にあるモーテルに直行しました。このモーテルは、ダイニングルームの他に部屋が二つあってアパートのようでした。フロントで勤務していたのは、若い日本人でしたのでチェックインもその他の用件もスムーズに行うことができました。

次の日、大会会場のメルボルンパーク・ナショナルテニスセンターを下見しました。モーテルから歩いて三〇分くらいの所にあります。私は、全豪オープンテニスは一九年前に一度観戦したことがあるので今回は二度目になります。現在の会場は、以前の会場の近くに新しく建設されたものです。テニスコートは全部で三九面あり、そのうちハードコートが三三面、うち屋内コートが八面、クレーコートが六面あります。チケット売り場に行って、前売り入場券を購入しました。大会は明日一六日からスタートします。私は、初日から五日間毎日会場に通いました。

私が購入できたチケットは、すべて自由席のためいい席を確保するにはとにかく早く会場に行くことでした。会場の開門は午前一〇時ですが、毎回九時までには到着するようにしました。一時間ほど立ったまま待つのです。開門と同時に、観客は目指すアリーナやコートに直行します。私は、毎回一万五〇〇〇人収容のハイセンス・アリーナ（現ジョンケイン・アリーナ）に向かいました。警備員が、「危ないから走らないように」と呼びかけていますが、いうことを聞く人は一人もいません。先に着いた人ほどいい席が確保できるからです。プログラムでは、試合開始は一一時となっていますが選手が入場して練習があるので、プレー開始は実際には一一時二〇分頃になります。つまり、入館後さらに一時間以上待つことになります。朝から二時間半は待つという気の長い話です。私は毎回早くから足を運んだため、かなりいい席を確保できました。

大会期間中、日本の錦織圭、大坂なおみ、奈良くるみの三選手や当時世界ランク一位の英国のアンディー・マリー選手その他の試合を観戦することができました。錦織選手については、一回戦はロシアのクズネツォフ選手との対戦でしたが、フルセットの末に勝利するという非常に緊迫したいい試合でした。観客席からも、日本人グループによる声援が送られていました。試合に勝った選手は、テレビ局のインタビューを受けることになっていますが、流暢な英語で応える錦織選手の姿はとてもかっこいいものでした。二回戦の相手は、フランスのシャルディ選手でしたが、この試合は格の違いを見せつけて錦織選手のストレート勝ちでした。三回戦の相手はスロバキアのラッコ選手で、七五〇〇人収容のマーガレットコートで夜七時からの第一試合に組まれていました。私は、この試合のチケットを持っていなかったので、建物の壁に取り付けられたモニター画面で観戦していました。第二セッ

錦織選手の３回戦（マーガレットコート）

トが終わって第三セットが始まろうとしたとき、大会関係者と思われる職員の方が、チケットが余っているからといって近くにいた人たちに配り始めました。ラッキーなことに、私もこのチケットにありついて第三セットのみ館内で見ることができました。この試合、錦織選手は好調でやはりストレート勝ちを収めました。錦織選手の試合を観戦したのは、この三回戦が最後でした。その後の試合結果を確かめると、四回戦でスイスのフェデラー選手にフルセットの末に惜しくも敗れていました。

一方大坂選手ですが、一回戦の相手はタイのクムクム選手でした。大坂選手のサーブは、このとき一九〇㎞台が出て女子では世界最速を記録しました。フルセットまでもつれた試合となりましたが、サーブがからんだプレーでポイントを稼いで勝利しました。ただし、ストローク戦では相手に打ち負けていたように見えました。大坂選手は、この時点では世界ランクは四八位でしたので、それほど注目されてはいませんでした。今後上位を目指すには、ストロークの強化が必要と思いました。二回戦では、英国のコンタ選手と対戦してストレートで敗れましたが、私は彼女のプレーを見て、近いうち二〇位以内には入るであろうと予想したものです。ところが、その後の彼女の躍進ぶりは目覚ましくグランドスラムは通算四回優勝するなどして、二年後には世界ランク一位になったのです。まったく予想外なことでした。現在は、故障したりメンタル面で問題があったりして世界ランクは低迷していますが、今後に期待したいと思います。

話は変わりますが、一九日の夜私たち家族はモーテル近くの居酒屋に食事に出かけました。ところが、帰りのエレベーター内で大坂選手にバッタリ遭遇したのです。連れはなく一人で食事に来ていたようです。私は、日本から全豪オープンテニスを見に来たことや、一回戦と二回戦の試合を観戦して応援したことを話すと、彼女は「サンキュー」といっていました。エレベーターを降りてから、「一緒に写真に写ってくれませんか」というと快く応じてくれました。この写真は、今もわが家の記念として飾っています。

二週間にわたって行われる大会期間のうち、最初の五日間会場に通ってみて感じたのは、とにかく人出が非常に多く大変混雑していたということです。プログラムをチェックしながら、目指す試合があるコートに移動するのですが、すんなりと試合観戦できるとは限りません。場合によっては、コートの外で席が空くまで待つこともあります。それでも、世界一流の選手のテニスがリアルに見られるというのはすばらしいことだと思いました。

一月二〇日早朝、私たちはメルボルンの空港へ向かいました。ここで妻と娘はケアンズへ行くため国内線ターミナルへ、私はダニーデンのアパートに戻るので国際線ターミナルへと別々に移動しました。これから先私は一人暮らしの生活となります。

学生の騒音に耐えかねて

私が入居したアパートは、二階建てで一階には共同のキッチンとラウンジと一部屋、二階には四部屋があり、当時私の他に女子学生五人、男子学生一人、社会人一人の計八人が住んでいました。一階の一部屋は私が借りていて、真上の二階には近くの病院に勤務しているという若い医者が住んでいました。後でわかったのですが、このアパートの周辺は学生向けの貸家が多く、裏の通りは両脇にズラリと軒を連ねた戸建ての住宅に学生たちが住んでいました。彼らのほとんどは、ルームメイトと一緒に入居していました。一二月半ばにこのアパートに入居してから、ほぼ二カ月間は静かな環境で暮らすことができました。この期間は、大学が休みのため学生たちの多くはアパートや賃家に住んでおらず平穏なものでした。ただ、昨年のクリスマスの夜二階の住人が友達を招いてパーティーを開いており、音楽をかけて夜中の一二時過ぎても騒いでいました。そこで部屋まで行って、「寝られないので静かにしてほしい」と注意するとすぐに静かになりました。二カ月間で騒がしかったのはこの一度だけでした。

二月半ばのある土曜日、また音楽が夜中の二時過ぎまで聞こえてきて眠れませんでした。音楽といっても、低音のベース音のみが「ドンドンドンドン」とか「ドドドドドーン」といった調子で耳に響きます。ティッシュペーパーで耳栓をしてもダメでした。私は注意するため、二階の住人の部屋に行ってドアを何度もノックしたのですが不在のようでした。「音楽が聞こえるのに不在とはどういうことか」と思いつつ、しかたなく自室に戻ってメモ用紙に「私は高齢のため一一時には寝ることにしている、健康のため十分な睡眠が必要であり、一一時までは騒音を出してもいいがそれ以降はとにかく静かにしてほしい」といったことを書いて二階の部屋のドアに挟んでおきました。次の日の夕方、アパートのラウンジで二階の住人とバッタリ出会いました。すると彼は、ニヤニヤしながら何と私に握手を求めてきたではありませんか。「そうか私のメモを読んでわかってくれたのか」と思いながら、握手をしました。すると彼は、「昨日は夜勤のため自分は部屋にはいなかった、騒音は隣人の家から出ている」といいました。彼は、私より長くこのアパートに住んでいるので、そのへんの事情はわかっていたのでしょう。二階の部屋からの騒音とばかり思っていたのが、とんだ間違いであったのです。彼がニヤニヤしていた理由も、これでわかりました。その場で、丁寧に謝ったことはいうまでもありません。後日、女子学生二人が住む隣の家に行って先日の騒音のことを尋ねたところ、「その騒音はここからではなく裏の通りの家からでしょう、第一私たちは音楽を聴く機器を持っていません」との返事でした。隣接する家はこの一軒しかないので、騒音は裏の通りの家から出ているものと確信しました。裏通りの家といっても、どの家なのかどの学生が騒いでいるのかを探すのも面倒なことです。注意しに行って、トラブルにでもなれば厄介です。ということで、この件はこれ以上追求しないことにしました。

大学の新学期は二月二〇日に始まりますが、学生たちはこの日に合わせて続々と自分たちが住む貸家に戻ってきました。新しく、新入生も入居したことと思います。裏の通りから学生たちがならす音楽が夜の一二時過ぎまで聞こえていたのはこれまで三度ありました。外から聞こえてくる音楽は騒音以外の何物でもありません。

新学期のオリエンテーションが始まると、ある日の夕方裏の通りの端から端まで学生たちが路上パーティーをやっていました。何件かの家の前には大型のスピーカーを持ち出して、大音量で音楽をならしています。学生たちはビールを飲みながら大騒ぎしていました。この日は夜中まで騒音が聞こえることはありませんでしたが、毎週末になると裏の通りから騒音が聞こえてきます。後日大学の職員の人から聞いた話ですが、私の住んでいる地域は週末に学生がよくパーティーを開いて騒ぐとのことでした。一一時以降に静かになれば問題ありませんが、それが夜中まで続くとなるともうここには住めないと思うようになりました。

二月末になって、アパートの新しい女性マネージャーが部屋代の支払いの件で訪ねてきました。その際、彼女に「週末に騒音がうるさくて眠れないことがある」と話すと、「別のアパートで三月半ばに部屋が一つ空くのでそちらに移ってはどうですか」と語りかけてきました。こちらから頼んだわけではなかったのですが、この話に乗るのがいいかもしれないと思い、実際にその部屋を見せてもらうことにしました。その場所というのは、何と私たちが最初に目を付けたアパートでした。ここも二階建てで空くのは一階の部屋といいます。部屋は今のアパートより若干狭かったですが、一人暮らしには問題ないようでした。一度目は部屋を見せてもらうだけで住人は外出中でした。住人は若い女性の方でしたが、住人が在室中の時間を見計らって再度夜に部屋を訪ねてみました。そこで、「今度この部屋に引っ越してくる者ですが、すぐ前にある通りの車の往来や周りからの騒音についてはいかがですか」と聞いてみました。彼女の答えは「まったく気になりません」というものでした。これで決まりです。ということで、最初に入居したアパートは三カ月で退去することになりました。

三月はじめのことでした。例のごとく裏の通りの家から音楽のベース音が夜九時くらいからなり出しました。その音は夜中の二時過ぎまで続きました。とてもガマンできるような音ではありません。そこで、寝袋を持ってラウンジのソファーで寝てみたのですが、ここも同じように騒がしいものでした。次に思い立ったのは部屋の中にあるバスルームでした。ここには洗面台とトイレもあります。ドアを閉めるとベース音は微かに聞こえる程度となり、ここなら何とかなると思ってストレッチマットを敷いて寝袋で寝てみました。しかし、何といっても床がコンクリートになっているため硬くて寝られたものではありませんでした。二時間ほどここに横になっていて、部屋に入るとやっと静かになっていました。バスルームで寝たのは生まれて初めてです。こんな苦労からは早く逃れなくてはなりません。

三月半ば、待ちに待った引っ越しの日がやって来ました。新しく入居したアパートは、部屋代が週二八〇ドル、一カ月一一二〇ドル（約九万七〇〇〇円）です。前のアパートより少し安くなりました。部屋の中には、テレビ、冷蔵庫、電子レンジ、ポットその他が備わっていて、キッチンが共同なのは前のアパートとほぼ同じです。場所的には、ショッピングセンターや街の中心部までは遠くなりましたが、大学までは徒歩で七～八分といったところです。自転車ですと五分以内で行くことができます。以後、留学を終えるまでこのアパートで問題なく過ごせました。

ニュージーランドに来て二カ所のアパートに住んだわけですが、これらは同じ不動産会社の物件であったため、引っ越しに際して契約上は何も変更する必要はありませんでした。私が利用した不動産会社との入居契約は、一月から一二月までが基本となっており、途中で退去する場合はすぐ引き続いて入居者があれば住んでいた月までの家賃を支払えば済むのですが、入居者が決まらないとその年の一二月分まで支払わないといけないことになっていました。何とも理解し難い契約でした。この契約に関して、何度か検討してもらえないかと願い出ました。担当のマネージャーは、「上司に相談してみる」といっていました。私の場合、一一月末に退去するので一二月一カ月分がどうなるかということでしたが、最終的には何とか支払わずに済みました。ニュージーランドの不動産会社すべてが、このような契約の仕方をしているのかどうかわかりませんが、住んでもいないのに家賃を払うなんてこんなおかしなやり方は止めるべきだと思いました。

屋内コートでテニスを楽しむ

私は、学校の部活動として中学時代は卓球、高校と大学ではバレーボールをやっていました。テニスは大学の教員になってから始めました。二七歳のときでしたから、もう五〇年近く続けていることになります。スポーツ大国のニュージーランドでも、テニスをするためラケットを持参しました。

ダニーデンには、エドガーセンター（Edgar Centre）という屋内のスポーツ施設があります。このセンターは、南ダニーデンのオタゴ湾に面した所にある大規模多目的屋内スポーツ施設で、人工芝のテニスコートは全部で一六面あります。その他、バスケットボールやバレーボール、卓球、ネットボール、クリケットのトレーニングなどができます。競技スポーツ関係では、バスケットボール・オタゴナゲッツのホーム会場であり、ネットボール・サザンスチールの代替会場でもあります。また、スポーツ以外のコミュニティのイベント、展示会、各種講習会の会場としても使われています。私は海外研修セミナーでこの街を訪問したとき、学生たちと一緒にこのセンターでテニスをしたことがあります。天候に左右されない屋内施設ですので、迷うことなくこのセンターでテニスをすることにしました。

このセンターでは、一般人向けに施設が開放されており、月曜日と木曜日の午前中はテニス、火曜日の午前中は卓球ができるようになっています。興味・関心のある人なら、誰でも自由に参加することができます。参加者は、毎週顔を会わせるうちに次第に一つのサークルのようになっていましたが、組織的なクラブとしての活動ではないので役員を決めたりとか会費を徴収したりすることはありませんでした。

私は月曜日と木曜日、週二回テニスに参加することにしました。月曜日のサークルは午前一〇時から一一時までの一時間がテニスの時間です。センターのフロントでその日の入場料三ドル（約二五〇円）を払っ

エドガーセンターのテニスコート

て参加します。ところが、このサークルは早い人はだいたい九時半くらいからゲームを始めています。つまり一時間の料金で一時間半コートを使用していることになります。使えるコートは幾らでもあるので、施設側もこの点は大目に見てくれました。使う側からすれば、大変有難いことです。私もほとんど毎回、九時半までにセンターに行っていました。毎回、男女合わせて一五〜二〇人くらいが参加していました。年齢的にはシニアが中心で、六〇代とか七〇代が多くなかには八〇代の人もいました。

ゲームは、ダブルスのみとして四人で一コートを使用します。後から来た人たちも四人揃ったら別のコートに入ります、ゲームは勝っても負けても四ゲームで終了し、最後にサーブをした人が退いて次の人と交代します。その際、退く人は手を上げて次の人に合図するのです。こうすると、交代がスムーズにいきます。新しくコートに入る人は、退いた人がいたポジションにつきます。こうして、順番待ちの人は空いたコートに次々と入っていきます。順番待ちの時間は休憩時間でもあります。順番が回ってきても、もっと休みたいという人は後ろの人に先に入ってもらうこともあります。テニス終了後は、みんなでラウンジに集まってのコーヒータイムが始まります。コーヒーは施設からの無料提供です。ときにはクッキーが出ることもあります。時間にして三〇分くらいですが、私にとっては英会話の練習にもなり大変貴重な時間でした。

一方、木曜日のテニスの時間は午前一〇時から一二時までの二時間でした。入場料は五ドル（約四二五円）です。こちらのサークルは、参加者は毎回六~八人と少なく年齢的にも若い人が多くいました。この中には、私と同じ月曜日のサークルの人も二人いました。ゲームの仕方は、決まった方法はなくその都度適当にペアを組んで四ゲーム先取でやっていました。人数が八人に満たないときは、一コートでゲームをして隣のコートでは練習をしたりしていました。こちらの方は、月曜日のサークルより年齢が若いだけあってテニスのレベルも高く十分に楽しめるものでした。テニス終了後は丁度昼食の時間になるので、月曜日のようなコーヒータイムはなくそのまま解散していました。私は、毎回手作りのランチとコーヒーを持参してラウンジで昼食をとっていました。

現地の人たちとのテニスを通じて、いろいろ学ぶことがありました。ゲームの仕方で四ゲーム先取のことを「ファーストフォー（First four）」といっていました。最初の四ゲームという意味でしょう。デュースになったとき、正式には二ポイント連取した方がそのゲームの勝者になりますが、この場合を「ロングデュース（Long deuce）」、一ポイントを取れば勝ちとするノーアドバンテージルールの場合を「ショートデュース(Short deuce)」といっていました。これらの言葉の意味は何となく理解できました。最初わからなかったのは、ボールがアウトかセーフかのジェスチャーです。こちらの人はアウトの場合両手を横に広げます。これは日本ではセーフのジェスチャーであり、完全に逆の意味になります。日本ではアウトの場合片手を上に上げます。ですからこれには戸惑いました。「所変われば品変わる」でした。

テニスは屋内コートでしたので、雨の日も風の日もすることができました。会場のエドガーセンターまで、アパートからは自転車で約三〇分かかります。特に雨の日は、合羽を着てラケットは濡れないようにゴミ袋に包んで自転車のハンドルの上に乗せて行きました。留学期間中、このセンターには合計で七〇日ほど通いました。テニスの仲間もできて実に楽しい経験でした。なかには夕食や昼食に招待してくれた人もいました。テニスに限らず、スポーツを通じた仲間はすぐにできるものです。

一一月の第四週は、私が留学を終えて日本に帰国するのでテニスに参加する最後の週になりました。月曜日のサークルは、テニスの後のコーヒータイムが私の送別会のようになりました。皆さんから、記念品を贈られるやら「日本に帰っても毎年ここにテニスしに来なさい」と言葉をかけられるやらで嬉しくなりました。木曜日のサークルの人たちは、テニスの後近くのカフェに場所を移してささやかな送別会を開いてくれました。いろいろと話をしたり記念写真を撮ったりしました。なかには別れがつらかったのか、目にうっすら涙をためていた人もいました。一緒にテニスしてくれた皆さんに感謝すると共に、またいつかこの街を訪れて再会を喜びたいと思いました。

図書館は私の居場所

オタゴ大学は、一八六九年に設立されたニュージーランド最古の国立総合大学です。メインキャンパスはダニーデンにありますが、この他にも大都市のオークランドや首都のウエリントン、南島第一の都市クライストチャーチにもそれぞれの専門に特化した校舎があります。毎年二万人以上の学生が在籍しており、国内のみならず世界中から留学生が集まっています。日本人留学生も、毎年三〇～五〇人程度が学んでいます。一学年は二学期制で、前期は二～六月、後期は七～一一月で夏季休暇の一～二月にはサマースクールもあります。

大学の図書館については、規模の大きい中央図書館の他に六つの専門図書館があります。私は、ジャクソン教授から自由に使える研究室を与えられていましたが、留学中の大部分の時間を中央図書館で過ごしました。その他、学内では三つの図書館を利用しましたが、書架に置かれている図書が自分の専門との関係が乏しかったこともあり、僅か数回資料の収集・整理のために利用した程度でした。

中央図書館は、通常午前七時にオープンして午後は一一時まで開いています。私が初めてこの図書館を訪問した二〇〇三年当時は、文献の検索はズラリと引き出しに入ったカードを使っていましたが、現在ではすべてパソコンで行われています。図書や論文のコピーをするに当たっては、プリペイドカード機能を持つ大学発行のIDカードが使われており、金額をチャージするマシーンも図書館内に置かれています。ほとんどすべての学生は、ノートパソコンを持ち込んでこれを利用して文献を読んだりレポートを作成したりしています。パソコンに必要なコンセントも、二〇〇〇以上ある全席に取り付けられています。私も、ほとんど毎日パソコン持参でこの図書館に通い、文献の検索をして必要と思われるものはコピーをしたりUSBに保存していきました。研究活動のための情報収集に当たっては、実に便利な世の中になったものです。

私は、普段朝八時過ぎにはこの図書館に来るのですが、この時間に来ている学生は極めて少なく空いている席はたくさんあって、だいたい決まった席に着いて作業をしていました。そこは、道路に面した窓際の席でパソコン画面ばかり見て目が疲れたりしたときなど、よく外の景色を眺めたりしたものです。ただし、月曜日と木曜日の午前中はテニスのサークル活動に出かけるため図書館に行くのは午後からとなりますが、このときは座る席を探すのに苦労することがしばしばありました。これが試験期間中ともなると、朝早くから夜遅くまで学生たちで館内はいっぱいになります。

私は、パソコンのインターネットを使って文献・資料の検索をしましたが、ときどきエラーや何らかの不具合が生じて使えなくなることがありました。館内には、パソコンをめぐるトラブルを抱えた学生に対応

オタゴ大学の中央図書館2階フロア

するため、一階のラウンジには専門職員が常駐するデスクが置かれていました。私もこのデスクに何度も足を運び、専門職員の方にお世話になったものです。

一方、この図書館を利用していて驚いたことが一つあります。それは館内で飲食することが許されていたことです。そこで、私は手作りのサンドイッチとコーヒーを持参して、館内の席でよく昼食をとっていました。そのため、館内にはゴミ箱があちこちにたくさん置かれていました。翌朝には、また空のゴミ箱が同じように置かれていました。館内で出たゴミを処理するだけでも、大変な作業だったと思われます。何しろ、建物は端から端までは一〇〇mはあろうかというほど大きいのです。図書館内で飲食するなんて、日本では考えられないことです。帰国して、福岡の市立図書館でお茶の入ったペットボトルを机の上に置いていたところ、「カバンの中にしまってください」と職員から注意されました。日本ではこれが常識なのです。

さて、中央図書館は年末二三日から年始の三日までは休館となるので、この間は市の中心部にある市立図書館に通うことにしました。市立図書館は、クリスマス休暇の三日間と年始の三日間が休館となっていました。開館時間は、月～金曜日は午前九時三〇分～午後八時、土日・祝日は午前一一時～午後四時です。ここは、一般市民の利用が中心で座席数はそれほど多くはなかったのですが、私は開館時間に合わせて早く行くようにしたのでたいていは席を確保できました。

不思議な二人のお年寄り

大学の図書館は、学生のみでなく外部の人でも自由に利用できます。中央図書館では、不思議と思えるお年寄りを二人見かけました。二人はいつも並んで席に着いており、年齢はかなりの高齢で推定七〇代後半から八〇代ではないかと思われました。二人がいつも座るのは、エレベーターのすぐ近くの席です。一人は、いつも鳥打帽子をかぶったまま机の上には持ち込んだボロボロの辞書を二つ並べて読んでいるのです。何かメモを取るでもなく、じっと何時間もこのスタイルで過ごしていました。毎回、変わることなく同じスタイルです。ある日二人が席を外しているとき、そーと辞書を覗いてみました。辞書の字は、とても小さいのでルーペなしで読めるのだろうか、第一辞書を見比べて何を学ぼうとしているのかとても不思議に思えました。

もう一人の方は、これも自分で持参したかなり分厚い本を二〇〜三〇冊ほど机の上に積み上げてルーペを使って読書をしていました。このスタイルも変わることなく毎回同じでした。こちらの方は、ノートに何かを書き込んでいたこともありました。多くの本は、リュックに詰めたり小さな車がついた買い物かごのようなものに入れて運んでいるようでした。私が朝八時過ぎに図書館に着くと、たいてい二人はすでに着席していて、いつものスタイルで読書を始めていました。辞書を広げて読んでいる方のお年寄りは、年末年始に利用した市立図書館でも何度か見かけました。ここでも、やはり同じスタイルで辞書を読んでいました。二人の姿は数えきれないほど見かけたので、彼らはしょっちゅう中央図書館に来て一日の大半を過ごしているものと思われます。ただし、私が夕方図書館を出るときすでに彼らは帰っていた場合も何度かありました。直接彼らと話していないので、正確のところはわかりませんが、高齢になっても図書館通いを続ける二人の市民の生き方は、生涯学習社会における一つのモデルになるものと思いました。とはいってもちょっと特異な存在でした。

オールブラックスの試合を観戦

ニュージーランドのスポーツといえば、まずラグビーが思い浮かびます。最近は、サッカーもラグビーに劣らず若者を中心に人気が出てきています。ひと口にラグビーといっても、この国ではラグビーユニオンの他にラグビーリーグ、ラグビーセブンズ、タッチラグビーなど、ルールの異なるラグビーの変種も行われています。普通私たちがラグビーといっているのは、一五人制のラグビーユニオンのことを指します。七人制で行うラグビーセブンズは、つい最近オリンピックの種目に採用されたところです。

さてラグビーといえば、何といっても国家代表チームのオールブラックスが有名です。私は、ニュージーランド滞在中オールブラックスの試合は是非とも観戦したいと思っていました。八月二六日の土曜日に、ここダニーデンでオーストラリアのワラビーズとの試合があることがわかりチャンス到来でした。チケットを買うために、試合会場であるフォーサイスバースタジアムに何度か行ってみたのですが、チケット売り場はいつも閉まっていました。ここでは販売していないようです。そこで、市内のスポーツ店のスタッフをはじめ何人かの人に尋ねて、ようやく街の中心部にあるリーゼントシアターという劇場のフロントで買えることがわかりました。試合の一カ月前のことでした。試合を見ることができればいいと思っていたので、一番安い席を予約しましたが料金は九五ドルもしました。当時一ドルは八六・三円でしたので約八二〇〇円です。三月に開催された地元チームのハイランダースの試合も観戦したのですが、このときの座席は今回よりずっといい席で三三・五ドル（約二九〇〇円）でした。さすがオールブラックス、人気も高ければチケットも高いといったところです。

当日、試合開始の二時間前くらいから市内を歩く小グループが目立ちました。彼らが、ラグビー試合の観戦者であることはだいたいわかりました。会場の駐車場はそれほど広くないので、近くまで車で来て適当に駐車してそこから歩いて行くわけです。スタジアムはオタゴ大学のすぐ側にあり、学生らしい若者が、「駐車場あります」と書かれたプラカードを掲げていました。私は午後六時半頃会場に入りましたが、両国の選手たちが練習をしていました。オールブラックスの選手たちは、黒ではなくオレンジ色主体のユニフォームを着ていました。「まさかこれでプレーするのではないでしょうね」と一瞬思ったものです。これではオールブラックスとはいえないからです。そのうち、選手たちはいったん控室に引き上げて行きました。そして再び戻ってきたとき、いつもの黒一色のユニフォームに着替えていたので安心しました。観衆も大きな拍手で迎えていました。

　チケットの案内では、七時三五分キックオフとあったのですが、選手たちは五分ほど遅れてフィールドに整列しました。最初に、両国の国歌斉唱などのセレモニーがあり、その後オールブラックスによるハカダンスが披露されました。三角形の隊形をとって力強く踊っていました。かつてテレビやネットで見たダンスそのものでした。ハカダンスは、ラグビーだけでなくいろんな種目のスポーツでも取り入れられています。さらに、スポーツ以外のイベントでも行われています。

　会場はだんだんと盛り上がってきました。試合は八時丁度に始まりました。オールブラックスは、開始早々ワラビーズの選手にパスをインターセプトされて一分も経たずにトライを許してしまいました。その後短時間にあと二トライされてスコアは〇対一七とリードされました。オールブラックスの選手たちは、始めはなかなか調子が上がらずパッとしませんでしたが、徐々に本領を発揮して点差を詰め二トライ二キックを成功させて前半は一四対一七で終了です。

　後半は、サイドが代わって早いパス回しや機敏な動き、随所にプロらしいプレーが見られ、結局三五対二九でオールブラックスが逆転勝利を収めました。ゲーム展開としては、前半早々こそ点差が開いたのですが接戦といってよく、非常に緊迫した内容のある試合でした。相手ワラビーズは、五トライしてコンバージョンゴールは二度しか成功していません。三度の失敗は痛いところでした。観衆は、一部のワラビーズのサポーターを除いて、ほとんどがオールブラックスを応援していました。オールブラックスのトライが決まりそうになると、皆さん歓声と共に総立ちになります。トライが決まると、もう大騒ぎ拍手はもちろんなかにはハグし合うファンもいました。

ハーフタイムのとき、何かアトラクションがあるのではないかと期待していたのですが、結局何もありませんでした。ちょっとガッカリです。会場内を歩いてみたのですが、トイレとフードスタンドの前は長い行列ができていて大変な混雑ぶりでした。ダニーデンの人口の四分の一近い人たちが、この会場に詰めかけているのですから無理もありません。翌日の新聞によると、会場の定員三万七〇〇人に対して入場者は二万七〇八五人とありました。九割弱の入場率でした。

私の座席は、ゴール後方で仮設スタンドのような構造をしていました。そのため、周りの観衆が一斉に足で「ドンドン」と床をならしながら応援するともろに響くのです。まあ、「ビールを飲んで騒いで試合観戦するのもニュージーランド人の楽しみの一つであろう」

と思ったものです。最初、試合開始は少し遅いのではと思っていましたが、試合時間はキッチリ八〇分ですので一〇時前には終了しました。この点、日本のプロ野球の試合時間は三時間前後もかかり、いかに長いかがわかります。会場の近くには、貸し切りバスが何台も止まっていて、かなり遠くからも大勢来ていたものと思われました。何しろ、ラグビー界のトップ選手の試合だったのでその人気も大変なものでした。私も大満足したラグビー観戦でした。

女子に人気のネットボール

ネットボールは、日本人にはまったくといっていいほど馴染みのないスポーツですが、ニュージーランドでは子どもから大人まで女子の人気ナンバーワンのチームスポーツです。このスポーツは、バスケットボールのルールを基準として女子向きに考案されたもので、一チームは一二人で編成されコート内には常時七人の選手がプレーします。選手交代に制限はありません。使用するコートは、バスケットボールのコートより少し広く、バックラインの中央にバックボードのないリングのみのゴールが設置され、ゴールを中心に半径四・九mのゴールサークルが描かれます。実際の試合では、バスケットボールのコートが使用されることもあります。

コートは三分割され、選手ごとの役割と動ける範囲が決められています。選手は、背番号ではなく自分の役割を表記したゼッケンを着用します。ゴールサークル以外のコートを自由に動けるのはセンター（C）の選手一人で、シュートできるのはゴールシューター（GS）とゴールアタック（GA）の選手二人のみです。その他、ウィングアタック（WA）、ウィングディフェンス（WD）、ゴールディフェンス（GD）、ゴールキーパー（GK）の選手がいます。シュートが成功すれば一点となります。基本技術

ネットボールの試合（エドガーセンター）

は、パスとシュートのみでドリブルは禁止です。試合は一クォーター一五分を四クォーター実施し、合計六〇分で勝敗を決めます。

ネットボールの起源は、米国発祥のバスケットボールにあり、一八九〇年代に米国から伝わった女子用のルールをもとに、英国でネットボールの原型といわれる女子のバスケットボールが行われるようになり、英連邦諸国を中心に普及していきました。ニュージーランドでは、歴史的に小学校と中等学校を通じて広まっていき、一九八〇年代に入ってからテレビ放送を通じてその人気は大いに高まりました。ちなみに、二〇一七年現在約一四万四四〇〇人の競技人口が登録されています。

女子のセミプロ選手による国内リーグも実施されており、私は二〇一七年五月七日に行われたインバーカーギルを拠点にするサザンスティール対クライストチャーチを拠点にするメインランドタクティックスの試合を観戦しました。会場はダニーデンにあるエドガーセンターです。試合前にはダンスのパフォーマンスがあり、どこかのテレビ局も来ていて選手へのインタビューをしていました。試合中の選手の動きはスピーディーで、パス回しの速さやレシーブする選手の動きをすばやく判断しての正確なパスなどは、技術レベルの高さを示すものでした。試合の結果は、エドガーセンターを準フランチャイズとするサザンスティールが六一対五五で勝利しました。試合の合間には、ダンスパフォーマンスやマスコット人形の客席への投げ入れ、抽選会などがあり観衆を楽しませてくれました。この日は、日曜日ということもあって家族連れもかなり見られ、だいたい全席の八割くらいの入場者がありました。試合の模様は、夕方のテレビと翌朝のニュースでも放送されていました。参考までに、入場料はエリア指定の自由席で二八ドル（約二三〇〇円）でした。

一方、男子はネットボールをしていないのかといえば、そうではありません。一九八四年にはニュージーランド男子ネットボール協会も設立されてプレーされているのですが、スポンサーや観衆も少なく女子ほど注目されていないのが実情です。

卒業生がパレードするとは

オタゴ大学があるダニーデンは、歴史的にスコットランド人が最初にやって来てこの地を開拓していきました。そのため、大学や街の建物にもスコットランドの面影が強く残っています。この街の人口は、私が滞在した当時は一二万人台でしたが、二〇一八年には一三万人を超えました。そのうち二万人近くが学生であることから、この街は若者が多い学生の街という一面も持っています。私はアパートを途中で代わったので、銀行口座からの振込金額変更の手続きをしに銀行に行ったときのことです。銀行員から、当然のことながら外国人の身分を証明するためパスポートの提示を求められましたが、あいにくそのときは持って来ていませんでした。そこで「これしか持っていません」とオタゴ大学発行の客員研究員用のＩＤカードを提示したところ、応対していた銀行員は「ああそれで結構です」といとも簡単に了承してくれました。大学発行のＩＤカードはかくも信用があるのかと感心したものです。

一二月の半ばのことです。二日間にわたって、オタゴ大学の学部別卒業生のパレードが行われました。スコットランド風のバグパイプ楽団を先頭に、卒業生およびその保護者などの一団がメインストリートを行進するのです。身近に見るバグパイプ楽団はとても珍しく、その演奏は見事なものでした。卒業生は角帽をかぶりガウンを身にまとって歩いています。メインストリートの両側には見物の人だかりができ、卒業生たちに拍手を送っています。建物の二階の窓からも、多くの人が見物していました。大学の伝統行事と思いますが、車を通行止めにして卒業生のパレードをするなんて、日本では考えられないことです。ちなみに、ネットで「大学卒業生のパレード」と入力して検索しても該当する記事は何も出てきません。わかったことは、東京六大学野球で優勝した大学が記念パレードとして市中を練り歩くとか、防衛大学校が卒業記念パレードを構内で行うことくらいでした。ということで、卒業生の卒業を祝って市中パレードする大学は見当たりませんでした。日本では、卒業式の後はたいてい卒業生と教職員が参加して祝賀会が開かれます。祝賀会は、大学の規模によって全体で開かれたり学部別ないしは学科別に開かれたりします。いずれにせよ公式な行事はここまでであり、後は個別に謝恩会とか卒業生を送る会といった名目で小さなパーティーや宴会が開かれたりします。

ニュージーランドでは、大学の存在は大きく市民は誇りに思っているようです。卒業生のパレードは、ダニーデンが大学の街という一面持つということの現れでしょう。確かに学生たちは、一生懸命に努力して大学に入学し所定の単位を修得してやっとの思いで卒業にこぎつけたのですから、保護者をはじめ周りから祝福されるのはごく自然なことと思います。それにしても卒業を祝う行事を大学内部に留めることなく、市中パレードという形で外部にも広げる発想には驚きを禁じ得ませんでした。

クリスマスとボクシング・デー

一二月二五日はクリスマスです。日本とは季節が逆なので真夏のクリスマスとなります。大学の図書館も、この日から二七日までクリスマス休暇で三日間閉館となります。私は、ニュージーランドで迎える初めてのクリスマスでしたので、大学や街の様子はどうなのか楽しみにしていました。二四日の夜、テレビでは特番としてクリスマスの歌番組が放映されていました。二五日の午後から外出したのですが、大学には学生の姿はほとんどありませんでした。こんな人影のない構内は初めてでした。次に

クリスマス当日のメインストリート

街に出てみたのですが、どの通りもほとんど車も走っておらず人も歩いていません。スーパーマーケットをはじめ、ほとんどの店舗がこの日は閉まっていました。日頃賑やかなメインストリートも驚くほど静まり返っていました。実にひっそりとしたクリスマスです。ニュージーランドでは、クリスマスは家庭で家族と過ごしたり友人同士でパーティーを開いて飲食したり、プレゼントの交換をしたりして過ごすのが一般的なようです。

明くる二六日は、ボクシング・デー（Boxing day）といってこの日も祝日とされています。ボクシング・デーは、ニュージーランドの他に英国、オーストラリア、カナダ、英連邦国家にもある伝統的な祝日です。ボクシングは、スポーツのボクシングではなく、箱を意味するボックス（Box）からきている言葉です。元々はキリスト教に由来した休日で、教会が貧しい人びとのために寄付を募ったクリスマスプレゼントの箱を開ける日であったことからボクシング・デーと呼ばれるようになったということです。私は、この日ことをニュージーランドに来てから初めて知りました。この日は、閉まっていたショッピングセンターや各店舗が一斉にオープンします。前日のクリスマスとは打って変わって街には大勢の人出があり、メインストリートも車が溢れていました。ボクシング・デーの目玉は、何といってもバーゲンセールが行われることです。人びとは目指す商品を手に入れるため、ショッピングセンター他の店舗に殺到するのです。私がよく利用したＫマートのフードコートも満席状態でした。いやはや、「静のクリスマス」と「動のボクシング・デー」はあまりにも対照的でした。こうした状況は日本とは大違いでして、異文化に触れることの面白さを感じます。この日は大学にも行ってみたのですが、休暇中のためもあって構内はやはりひっそりとしていました。

変わりやすい天気

ニュージーランドでは、天気や気温が変わりやすく「一日のうちに四季がある」といわれています。テレビで天気予報を見ていても、一日のうちに晴れと曇りと雨のマークが一緒になって表示されることがよくあります。ダニーデンの街でも、朝出かけるときカラリと晴れていても昼過ぎからだんだん曇り空になって、そのうち雨が降ってくるような天気の日は実によくあります。朝晴れていてその日の明るいうちに雨が降るなんてことは、日本ではめったにないことです。私は、朝晴れていたので今日はこのままいい天気であろうと思って折りたたみ傘を持参せず、夕方雨に遭って濡れて帰ったことが何度かありました。

ひどい場合は、シャツもズボンもズブ濡れになったこともあります。とにかく、ここダニーデンは一日中小雨の日があったり、二日続けて雨だったりでよく雨が降ります。こちらの人は、学生でも街を行く人も少しくらいの雨では傘をささない人が結構多いです。かなりの雨脚でも、傘をささずにフードをかぶって歩いている人をよく見かけます。私はある時分から、雨に濡れることがないように朝の天気がどうであれ、必ず携帯用の合羽と傘をリュックの中に入れておくことにしました。確かに荷物にはなりますが、備えあれば憂いなしです。

気温の方は、夏と冬の気温差は日本ほど激しくはありません。南半球にある国なので北部は暖かく南部は寒いです。北島に多くの住民が住んでいるのも、暖かい気候だからと思います。むしろ一日の気温差が日本より大きいのが特徴といえます。私は、ダニーデンに滞在中一日の気温差をそれほど感じませんでしたが、「夏でも肌寒い日があったりするので服装にも注意すること」とガイドブックには記されています。要するに、ニュージーランドの天気は変わりやすいので備えをしっかりしておくことが大切となります。

市内の移動には自転車が便利

ダニーデンの街にはこれまで計六回来ているので、「徒歩だったらどれくらいまで行けるか」とか、「バスはどういうときに利用したらいいか」など、交通事情はだいたいわかっていました。そこで滞在中は、移動する手段として自転車を利用することにしました。この街でアパート生活を始める前に、ショッピングセンターで自転車を購入しました。丁度ディスカウントセールがあっていて、九九ドル（八四〇〇円）と格安の値段で売っていました。ただし、自転車にはランプやカゴ、防犯用鍵など付属品は一切付いていませんでした。これらはすべて後付けとなるとのことでした。日本ではどの店でも、自転車にはランプはもちろん前輪の上部にはカゴが付いており、鍵もかかるようにして売っています。ランプやカゴは不要としても防犯用のチェーンは必要です。またニュージーランドでは、自転車に乗る際にヘルメットの着用が義務付けられています。この点は日本とは異なります。夜間に利用することもあり得ると思い、ハンドルに取り外しができるハンディーな電灯も買いました。ひととおり付属品も含めると、値段的には日本で買う場合と同等かそれ以上の買い物になった感じでした。

この街はそれほど広くはないので、自転車は移動手段としてはとても便利でした。基本的には車道を通行しなくてはいけませんが、歩道でも「自転車通行可」の標識がある箇所のみ乗り入れることができます。車道には自転車専用のレーンが設けてあるところもありますが、全体的にその箇所は少ないと感じました。私は、ヘルメットの着用をうっかり忘れて走っていたことが二度あります。途中で気付いて、自転車を押してアパートまで引き返しました。この点違反すると罰金が科されます。この自転車は日本に帰る際、お世話になったジャクソン教授に「学生の皆さんで利用してください」といって研究室に寄贈してきました。

他の移動手段としてはバスやタクシー、レンタカーなどがあります。市内を走っているバスは、ゾーン制になっていて一回二・六ドル（二二〇円）で利用できます。しかし実際に走っているバスを見ると、客は数えるほどしか乗っていません。何度確かめてもこの状況は同じでした。きっと赤字でしょう。またタクシーは、私はこの街に着いたときと帰国するときの二度空港と市内の間を利用しました。距離にして片道三〇㎞ほどありますが、料金は一〇五ドル（八九二五円）でした。日本での料金をネットで調べたのですが、それほど大きな差はありません。ちなみにこの間は、シャトルバスが走っているのでこちらを利用するといいです。料金は一人三〇ドル（二五五〇円）、タクシーの三分の一で済みます。ただし乗り合いですので、目的地に着くには時間がかかる場合があります。レンタカーは旅行するときに借りると便利です。私も、家族で南島を旅行した際に利用しました。大手の会社ではなく個人経営のレンタカーを借りたのですが、予約なしでその場で車を選んで手続きを済ませました。料金も安かったのですが、返却時には満タンに足りなかったガソリンの代金もサービスしてくれました。

市内の移動にはバスを利用するのも一つの方法ですが、私の場合はたいていの所は自転車で行きました。晴れた日に、オタゴ湾沿いの自転車も通行できる歩道を走るのも気持ちがいいものでした。

体調不良にどう対処したか

ニュージーランド留学期間中の健康状態についてはおおむね良好で、大した病気やケガをすることもなく過ごすことができました。ただ健康面で苦労したことがあります。以下の三点です。

第一に、頭痛がしたことが数回ありました。頭痛といっても持続的に続くような痛みではなく、左側頭部辺りがピリッピリッと瞬間的な痛みを数秒ごととか二～三分ごとに感じるものです。この手の頭痛は、日本にいたときも何度か経験したことがあります。集中力がなくなり多少困りました。この頭痛は、市販されている「ニューロフェン」(Nurofen)という痛み止めの薬を飲み続けて数日経つとたいていよくなりました。

第二に、アパートの室内にいたときにめまいがしたことが一度だけありました。朝起きてベッドから出て室内を歩き出したところ、周りがクルクル回り何だかフワフワした感じで気持ちが悪いものでした。おそらく内耳性のめまいだったのではないかと思います。このめまいは、椅子にゆったりと座ってしばらく安静にしていたら自然に止まりました。めまいの原因にもいろいろあって、なかには脳卒中や心臓疾患などによるめまいの場合もあるといいます。たかがめまいと侮ることはできません。

第三に、留学期間も半ばを過ぎた七月のことでしたが、左上の奥歯が痛むようになりました。私が加入した海外傷害保険では、歯の治療は対象外となっていました。オタゴ大学で働く日本人の職員の方に聞いた話ですと、ちょっとした歯の治療でも一〇万円くらいかかるということでした。そこで、何としても歯科医院に行かなくて済むようにと気を引き締めました。今回痛み出した歯は、ずっと以前に日本で処置してもらった箇所です。ガマンできないという痛さではありませんでしたが、数日間続いたのでこれは何とかしないといけないと思い、アパート近くの薬局に行きました。この薬局は、頭痛がしたときに行った薬局とは別の店です。「歯が痛いので何か良い薬はないですか」と尋ねたところ、そこのスタッフは何と頭痛のときの痛み止めと同じ薬「ニューロフェン」を出してきました。薬箱の裏側に書いてある効用をよく読むと、そこには頭痛や歯痛、筋肉痛、生理痛、背痛、その他の痛みなど、あらゆる痛みに有効といったことが書かれていました。まるで痛みの万能薬のようです。半信半疑でこの薬を飲み始めて数日後、痛みは少しずつ軽減していき、最後は何にも感じなくなりました。きっと薬が効いたのでしょう。

ニュージーランドで経験したこれら頭痛やめまい、歯痛といった体調不良はいずれも病院に行くほど深刻なものとはならず、うまく対処することができました。

ニュージーランド人はマスクをしないのか

体調不良に関連して、風邪に対する対処について一つだけ腑に落ちないことがありました。それはマスクについてです。日本人であれば、一般的に風邪を引いたら病院や薬局に行って薬を入手して服用します。そして外出の際には、人に移したりまた人から移されないようにマスクを着用します。私も風邪引いたときのためや予防のために、日本からマスクを一〇数枚持参して来ました。ところが、オタゴ大学でもダニーデンの街中でもマスクをしている人はひと冬通じて一人もいませんでした。少なくとも一人や二人いても良さそうなものですが、本当に誰もマスクをしていないのです。大学の図書館内では、ゴホンゴホンと咳をする学生があちこちにいましたが、やはりノーマスクでした。この点について大学職員の方に尋ねてみたところ、「こちらではマスクを着ける習慣がないからではないでしょうか」ということでした。要するに、風邪を引いてもすぐにマスクを着けるようなことはないようです。私は、あるとき風邪気味になったことがありました。マスクを着けようかと思いましたが、誰も着けていないので恥ずかしさもあって持参したマスクを使用することはありませんでした。

私がニュージーランドに滞在したのは、新型コロナウイルスの感染が流行する以前の時期でした。コロナウイルスの感染が人びとの間で始まったのは、二〇一九年の一二月以降のことでした。その後、ニュージーランドでも感染者が増加するにつれて、公共交通機関でのマスク着用が途中から義務付けされています。ですから、この時点でマスクを着用していた人は多くいたはずです。しかし、ニュージーランドでは米国やヨーロッパ同様マスク着用を拒否する人が多いといわれています。これに対して、日本をはじめアジア各国ではあまり抵抗なくマスク着用義務は受け入れられています。日本では現在もコロナの感染は続いており、コロナ対策の一環としてマスクの着用が推奨され、今日ではほとんどすべての人は外出の際にはマスクをしています。もっとも最近は、屋外ではマスクは着けなくて良いとされるようになってきました。マスクを着けるか着けないかは、どうやら文化の違いではないかと考えられます。ここでいえることは、コロナウイルス流行といった特殊な環境下ではなく、普通の生活においてニュージーランドでは日本よりマスクを着けることが習慣あるいは文化の中に浸透していないということでしょう。

現地の物価は高いのか

このあたりで、ニュージーランドの物価についての話をしてみようと思います。もちろんここで取り上げる物価は、私が留学していた二〇一七年当時たまたま日記や手帳にメモしていた物の値段や料金に限られます。当然のことながら、私が経験した範囲内の話ということになります。二〇一七年当時のニュージーランドでは、一ドルはおおむね八三〜八八円の幅で推移していました。市中の銀行には、外国為替のレートを示す掲示板が設置してあり、一ドルのレートを確かめるためときどき立ち寄っていました。ここでは一ドル八五円で計算して値段を示しました。また日本と比較するため、二〇二二年に私が住む福岡市内の二つのスーパーで調べた消費税込みの価格を示すことにしました。両国の価格には、年度のズレがあるので厳密な比較は困難ですが、大まかな傾向は掴めるかと思います。

まず食料品ですがダニーデンの現地では、卵六個入り四〜四・七九ドル（三四〇〜四〇七円）、キュウリ一本三・二九ドル（二八〇円）、サケの切り身一切れ一二〜一四・八ドル（一〇二〇〜一二五八円）、キングサーモン一切れ一六・九五ドル（一四四一円）、アスパラガス六本五・九九ドル（五〇九円）、マヨネーズ中サイズ九・三五ドル（七九五円）、ハンバーガー（バーガーキング・セット）九・八五ドル（八三七円）、ヨーグルト六個五・七九ドル（四九二円）、ドレッシング・ゴマだれ一瓶六・四九ドル（五五二円）でした。

卵は安いものでも一個五七円にもなり、一〇個ですと五七〇円と実に高価です。日本のスーパーでは一〇個入り一六九〜一八九円で販売されています。特売日にはもっと安くなります。

キュウリは一本ずつ売られていて高いですが、現地のものはとても大きく日本のものの三倍くらいあります。

サケの切り身は一切れずつ真空パックにして売っていますが、一個一〇〇〇円以上します。立派なキングサーモンになるとさらに高くなります。現地のサケは特に美味しいですがかなり高価です。

アスパラガスは一本当たり八五円もします。日本では五本一〇六円ですので一本二一円となります。現地ではざっと日本の四倍の値段です。

マヨネーズは、日本からの輸入品ですから高くなるのは止むを得ません。日本ですと三五〇gで二一四～二三五円、四五〇gで二五〇円程度ですから三倍以上の値段です。

ハンバーガーは日本ではマクドナルドが席巻していますが、私は少し高いですがお気に入りのバーガーキングを主に利用していました。一年間で五〇個ほど食べました。

野菜の値段は季節により変わりますが、高いときはレタス一個四・九ドル（四一七円）、キュウリ一本五・九ドル（五〇二円）になることもありました。

ヨーグルトは、現地では一個当たりの容量が日本のものより多いものが六個単位で売られており、値段は一個当たり八二円です。日本は四個単位で一二八～一四五円で販売されており一個三二～三六円となります。現地では日本の二・五倍はします。

ドレッシングは日本では容量一八〇㎖が二一四円、三八〇㎖が三二二～三四三円程度で、これも現地の方が高いと見ていいです。

次に飲み物については、現地では水一・五ℓボトルが〇・九ドル（七七円）、牛乳一ℓボトル二・三ドル（一九五円）、スパイツ・ビール小瓶（三三〇㎖）一本一・五ドル（一二八円）、スタインラガー・ビール小瓶一本二ドル（一七〇円）となっています。水は日本では普通二ℓのペットボトルで販売されており、値段は八五～九五円くらいです。現地の一・五ℓを二ℓに換算すると一〇二円となります。水の値段は日本とあまり変わりません。牛乳は普通プラスチックのボトルに入れて販売されていますが、日本では一ℓの紙パック容器が使用されています。日本の価格は一パック二〇〇円前後です。したがって、牛乳の値段も日本とそれほど差はないと見ていいでしょう。日本の缶ビールの値段は、三五〇㎖で一四一～一九六円と随分と種類によって差があります。とりわけ、現地のビールが高いというわけではないようです。

食事代は、一般のレストラン・食堂では焼き肉弁当や焼きそばが一〇ドル（八五〇円）、焼き飯は一二～一四ドル（一〇二〇～一一九〇円）、またフードコートのカレーは一一ドル（九三五円）でした。高級店でない限り、日本の普通のレストランで食事するのとあまり変わりません。

チョコレートは、キャドバリーの板チョコ三・二九ドル（二八〇円）、チョコボール五・八五ドル（四九七円）、厚板チョコレート四ドル（三四〇円）です。日本の板チョコは、一般に薄くて小さいので比較にはなりませんが、スーパーで調べたところ一一六～二〇三円でした。現地のチョコレートは、厚くて量が多いので安い方と思います。ときどき安売りもしています。

有名な蜂蜜マヌカハニーは種類も値段もまちまちです。スーパーで購入した方がお得で、手頃な標準サイズ二五〇g入りで三三ドル（二八〇五円）からあります。薬局では同じく二五〇g入りが五〇ドル（四二五〇円）、五〇〇g入りが七〇ドル（五九五〇円）と高価なものを扱っています。同じ品物でも空港で買えば市中より高い買い物になります。

驚くほど高いと思ったのは、歯間ブラシ、乾電池、タバコ、専門書、観光列車などです。私は食後よく歯間ブラシを使うのですが、薬局で買えば一五本入りが一四・九九ドル（一二七四円）もしました。一本八五円です。同じ品物は日本では三六〇円で売っています。

一本二二円です。現地の商品は輸入品でしたので日本の三・八倍も高いのです。これにはビックリしました。また大学構内の売店では、電子辞書に使うため単三の乾電池二個を購入したのですが六・九九ドル（五九四円）でした。日本のスーパーでは四個五二八～六五八円です。二個ですと二六四～三二九円となり日本より二倍以上の値段です。私はタバコは吸いませんが、一箱の値段は二〇～二二ドル（一七〇〇～一八七〇円）もします。日本では五〇〇～六〇〇円でほとんどのタバコが買えるので、驚きの値段です。

大学構内にある書店で体育・スポーツ関係の専門書の値段を調べたのですが、日本ではせいぜい二〇〇〇～三〇〇〇円程度と思われるものが七〇〇〇～八〇〇〇円もするのです。これらの本には良質の紙が使われているとはいえ、学生たちは購入できるのだろうかとつい思ったものです。また大学のすぐ側にも書店があって、スポーツ関係ではクリケット、ラグビー、釣り、トレーニングなどハウツー本が多く置いてありましたが、これらの価格も大雑把にいって日本の二倍以上高い感じがしました。ため息が出てきました。

またある日のこと、観光列車に乗ってみました。列車はダニーデンの駅から街中を走り、徐々に山岳地帯に入って途中のある駅まで行きます。プラットフォームのないこの駅は、標高二五〇m地点にあるファームの中につくられています。ここで列車はしばらく停車し、乗客は下車して周りを歩いたり風景を楽しんだりします。その間、機関車を引き返すために進行方向に移動させる作業が行われます。こんな具合で往復四時間ほどの行程でしたが、料金は九一ドル（七七三五円）もしました。

一方、これは安いと思われる料金もあります。それはゴルフです。現地で一ラウンドのグリーンフィーは、会員料金でだいたい三五～五五ドル(二九七五～四六七五円)、ビジター料金でも四〇～八〇ドル(三四〇〇～六八〇〇円)です。もちろん高級クラブになるともっと高い料金になります。ダニーデンのあるクラブでは、年会費六万五〇〇〇～七万五〇〇〇円で毎日でもコースに出てプレーすることができます。ビジターでも一ラウンド一八ホール五九ドル（五〇一五円）となっていました。日本に比べると非常に安い料金です。ニュージーランドがゴルフ天国ともいわれるゆえんです。

最後に紹介しておきますが、オタゴ大学の側にあるオタゴ博物館や駅の横にある入植者博物館、その他市立美術館、ダニーデン植物園などは無料で観覧することができます。市民のみならず観光客にとっても、ニュージーランドの民族の歴史や文化について無料で触れることができるとは有難いことです。

現地での物価について見てきましたが、毎日の生活に欠かせない食料品は概して高い物が多く見られます。ただし水や牛乳、ビールといった飲み物は、日本とあまり変わりません。この他は、驚くほど高いものから少し高いものまでいろいろあることがわかります。ニュージーランドの物価について、ひと言で日本より「安い」か「同じ」か「高い」かと問われたら、やはり全体として「高い」ということになります。コーヒー一杯の値段もちょっとしたスタンドでも四ドル（三四〇円）程度はしますが、帰国したとき、成田空港のコンビニに寄って一杯一〇〇円のコーヒーを飲みました。「一〇〇円でコーヒーが飲めるなんて日本は物価が安くて有難い」とつくづく思ったものです。

寿司と果物事情

私がニュージーランドを初めて訪問した二〇〇三年と一三年後の二〇一六年以降を比べて見て、食品に関して一ついえることは日本の寿司がかなり普及してきたということです。ダニーデンの街中にもいわゆる「寿司ハウス」があちこちにできており、人びとの食生活の中に浸透してきています。ショッピングセンターのKマートの中にも、二つの寿司店舗が同じフロアで割と近い距離にあって共に寿司を販売しているのです。両方の店舗は結構繁盛していました。

ニュージーランドで最初に寿司が販売されたのは、一九八〇年代半ばのことでした。当初は生の魚を食べることに抵抗があり、ほとんど売れなかったといいます。しかしその後いろいろと改善されて、スモークサーモンやボイルしたエビ、エビフライ、調理したシーフード、チキンなどを食材として野菜と一緒に巻き寿司にして販売すると、少しずつ人びとに受け入れられるようになり、今日ではヘルシーで栄養豊富な優れた食品として高い人気を誇るようになったのです。

ニュージーランドの寿司は、巻き寿司が主流ですが店舗によってはサーモンの握り寿司やおにぎりなんかも売っています。面白いのは「ライスボール」といって、ご飯を野球のボールみたいに丸く握り、中にシーチキンなどを入れて表面は海苔で覆って売っている店もあります。日本の三角形をしたおにぎりとは随分違った形です。私も寿司は好きな方でよく夕食用に購入していました。味の方はなかなか美味しくつくられています。寿司人気にあやかったのでしょうか、オタゴ大学の食堂でもそれまであった中華料理がなくなって、そのスペースに寿司パックが売られるようになっていました。こちらの方も学生たちになかなかの人気のようでした。

一方果物については、私が現地で購入しかつその味などについてメモを残しているのはブドウ、バナナ、キウイフルーツ、オレンジ、リンゴおよびイチゴの六種類に限られますが、次のような感想を持ちました。

まずブドウですが、ニュージーランドはワインの産地でもあり、多種多様なブドウが栽培されています。ブドウの種類が何だったかは不明ですが、現地で購入したブドウは当たり外れなくいつも甘くて美味しいものでした。

バナナはスーパーでは山積みされていて、一房のうち各自が好きな本数をもぎ取って購入するようになっていました。要するにバラ売りですが、日本ではこんな売り方を見たことがありません。また大学の中央図書館前に業者が果物を売りに来るのですが、バナナは安くて味の方はまあまあといったところでした。

キウイフルーツは原産地は中国で、ニュージーランドには一九〇〇年代に持ち込まれ、以後品種改良が進み今日では大量生産されるようになりました。これには、グリーンキウイとゴールドキウイの二種類があります。甘さの点からいえば、グリーンキウイよりゴールドキウイの方が酸味が少なく甘いです。値段はグリーンキウイの方が安いです。

オレンジは、これも主に大学に売りに来る業者から買っていました。味の方はときたま酸味がするものもありましたが、だいたいにおいて甘くてジューシーなものでした。美味しさの点で当たり外れがあまりなかったので、よく買って食べた方です。

リンゴは、スーパーで売られているのは日本のリンゴより一般に小ぶりです。甘さと酸味のバランスの差によって人びとの好みも違ってくるのでしょうが、私が購入したリンゴは美味しさの点で当たり外れがありました。

最後にイチゴは、分類上は野菜だそうですが果物としても利用されています。スーパーで売っている美味しそうなイチゴを3回買って食べてみましたが、いずれも酸っぱくて甘くありませんでした。日本では柔らかくて甘いイチゴがありますが、残念ながら現地のイチゴは私には合いませんでした。

ニュージーランドは、気候や土地の状況から果物の栽培に適しているといわれています。以上述べた果物の他に、ナシやスイカ、メロン、モモ、レモン、パイナップル、マンゴー、ブルーベリー、ラズベリーなどがスーパーで販売されています。帰国してから今になって、もっといろいろな果物を味わっておけば良かったと思う次第です。

留学の成果を出版

留学期間中は、オタゴ大学その他での情報収集に多くの時間を費やすことになりました。ニュージーランドのスポーツやレクリエーションをはじめ教育、歴史、経済、福祉、文化などに関する文献や資料、報告、コラムなど次々にUSBに保存していき、最終的にはその数は一四〇〇件を超えました。したがって、「ニュージーランドのスポーツについての知識を深める」という目的を達成するには、むしろ帰国後にどのような取り組みをするかが問題となります。現役の大学教員であれば、各自の専門分野の研究をして論文を書くことが求められますが、私の場合は定年退職後ですから留学してその成果を論文にするなどして業績を上げる必要はありません。しかし、留学の証としてその成果を本にして出版することは意義あることと以前から考えていました。そこで帰国後、収集したこれらの文献・資料に少しずつ目を通しながら、原稿の執筆に取りかかりました。その過程において、新たに確認する必要がある事項も幾つか出てきました。そのため、オタゴ大学のジャクソン教授をはじめダニーデンやオークランドのスポーツ組織のスタッフ、国内の大学教員などとメールでやり取りしたり、また福岡大学スポーツ科学部や福岡市の図書館にも足を運んで調べたりしました。

帰国して二年後に、ようやく出版のための原稿が完成しました。そこでスポーツ関係の書籍を扱っている三つの出版社を選んで、私の本を出版してもらえるかどうか打診したのですが、いずれも採算が取れないという理由で断られました。「ニュージーランドのスポーツを専門に取り上げた日本で初めての本で出版する意義があります」といって理解を求めたのですが、その読者は極めて限られた特定の人たちと想定されます。出版社が二の足を踏むのも無理はありません。

そこで止むを得ず、今回は自費出版にすることにしました。日本には自費出版を手掛ける会社は幾つもあります。その中から四社ほど選んで、各社の出版価格の見積もりや過去の業績、完成までの期間などを検討した結果、愛知県半田市にある一粒書房という会社から出版することにしました。本のタイトルは、『スポーツinニュージーランド　小さなスポーツ国家の実相に迫る』というものです。本の体裁はA五判の三一一頁でかなり分厚くなりましたが、全部で一〇〇部印刷してそのうち四〇部を手元に送ってもらい、残り六〇部はアマゾンを通じて販売することにしました。四〇部のうち三二部は、原稿の執筆や出版に際して協力していただいた方々、私の先輩、後輩、友人などに贈呈し、その他にニュージーランド大使館や西日本新聞社、各大学や地域の図書館などに寄贈しました。アマゾンの方は二年間の契約でしたが、結果は僅か二〇部しか売れませんでした。そのうちの一〇部は、私の幼なじみの同級生が友人に送るといって購入してくれたものです。アマゾンを通じた販売は惨敗といっていいくらいの結果に終わりましたが、ニュージーランドのスポーツに特化した専門書の売れ行きとはこんなものであろうと納得した次第です。それはともかく、ニュージーランド留学の成果として本を出版できたことは大変良かったことと思っています。

学内行事のお花見会での和太鼓クラブの演奏

留学を終えて

「定年後の七〇代をどう生きるか」というテーマへの私なりの取り組みとして、ニュージーランドへの一年間の留学を計画し実行に移して、無事帰国できたことを嬉しく思いました。留学を可能にした背景として、第一に健康に恵まれたことが上げられます。人間は、健康でなくては何事も行動に移すことは困難です。第二に、「ニュージーランドのスポーツについての知識を深める」という目的なり好奇心があったことです。この点は、私がこれまで遂行してきたスポーツ研究の延長線上にある課題といってもいいでしょう。第三に、留学生活を支えるある程度の資金があったことです。ダニーデン滞在中、旅行や資料収集のための出張など特別な出費を除いた月平均の生活費は、アパートの部屋代、食費その他を含めて約二五万五〇〇〇円でした。この資金はプールしていた退職金から拠出しました。これら三つのうち、どれが欠けても留学を実行することはできなかったと思います。もちろん、その他にも受け入れ先のオタゴ大学やジャクソン教授の理解と協力、家族の理解もなくてはならないものでした。留学の成果を本として出版できたことや留学中に経験したこと、知り合った人たちとのネットワークなどは、私の人生における財産とも呼べるものです。現在の新型コロナ禍が過ぎ去り、自由に海外に行けるようになった暁には、もう一度この国を訪問して知人たちとの旧交を温めたいと思っています。特に、テニスを通じて知り合った仲間たちはとても懐かしい限りです。「もう一度ニュージーランドへ行こう」、これが後期高齢者となった現在の私の目標です。

第２章

76歳の九州一周バイクの旅

このスタイルで走りました

バイクとの関わり

私が初めてバイクに乗ったのは、中学時代で一四歳のときでした。ホンダの五〇cc「スーパーカブ」の中古車です。当時原付きのバイクに乗るには、免許証ではなく警察に申請して許可証を取得すれば良かったのです。初めて手にした許可証は、三つ折りの財布のようなかさばるもので、現在のカード式の免許証とは似て非なるものでした。それでもこれがあれば堂々と公道を走ることができるということで、誇らしく思ったものです。一九六〇年代のはじめ、わが町でバイクに乗っている中学生は他にほとんど見かけませんでした。高校生になって、試験を受けて普通二輪免許を正式に取得しました。その後免許制度が変わったと思われますが、私の免許は大型自動二輪に切り替わり、すべての種類のバイクに乗ることができるようになりました。

私が親からバイクを買ってもらったのは、町中を乗り回すためではなく第一義的には家業の手伝いをするためでした。私の家は母が雑貨商を営んでいましたので、いろいろ品物を仕入れなくてはなりません。私の実家は福岡県の旧山田市（現嘉麻市）にあり、品物の仕入れ先は主に飯塚市でした。母が列車で出かけたり、卸業の商人がやって来たりして品物を調達していました。私はよく飯塚まで行って品物の仕入れの手伝いをしたものです。当時は自動車の行き来は少なく、道路は走りやすくときには田んぼのあぜ道を通ったりしてバイクでの走行を楽しんだものです。中学時代から高校時代にかけてバイクに乗っていましたが、通学に使用したことはありません。ただし高校時代に、大宰府天満宮や福岡市、志賀島といったところに遊びに行ったことはあります。

その後大学時代と社会人時代を通じて、バイクからは長いこと遠ざかっていました。それが古稀を過ぎた七一歳のときでしたが、テニスをしに行くときや買い物にも便利と思い、ホンダの「Dio110」というバイクを購入しました。家族からは歳も歳なので反対されましたが、若い頃のバイク生活が懐かしく思い切って購入した次第です。バイクは安全に運転すればとても便利な乗り物です。街中では、ご婦人方も原付きバイクで走っているのをよく見かけます。再びバイクに乗り出して四年目、少し遠くまでツーリングがしたいと思うようになりました。テニス仲間の中にも大型バイクやオフロード用のバイクに乗っている人がいて、ツーリングについての話を聞く機会もありました。そこで、日頃の足として使うだけなら今のバイクで十分ですが、遠くにツーリングするにはもう少し排気量の多いものが必要と思いました。かといって、二五〇cc以上のクラスのバイクではときたまツーリングするにはいいとして、日常の街乗りには必要性を感じません。家での置き場も問題となります。

ところでツーリングをするには、もう一つ大型バイクをレンタルするという方法があります。そこでレンタルバイクの料金を調べたところ、これがレンタカーより高いことがわかりました。例えば、一日の基本料金はホンダのレンタルの場合一二六cc～二五〇ccクラスで一万一五〇〇円、ヤマハのレンタルの場合一万三〇〇〇円です。仮に二週間レンタルすると、基本料金だけで一六万一〇〇〇～一八万二〇〇〇円となります。レンタカーの場合、ニッポンレンタカーでは一五〇〇cc以下のコンパクトカーで一日八二五〇円、一五〇〇～一六〇〇ccのスタンダードクラスで九九〇〇円です。トヨタレンタカーの場合、五人乗り普通乗用車で六一五〇円～九九〇〇円と車種によってさまざまですが、軽自動車になるともっと安く借りられます。従ってレンタルバイクの場合は、それだけ出費がかさむことになります。旅の目的や日程と併せて検討するといいと思います。

二〇二一年一二月に、現在所有しているバイク「ホンダPCX125」に買い換えました。このバイクは、メーター類はすべてデジタル形式となっており、エンジンの始動はスマートキー・システムといって、車両と鍵の間で電波が発信されることによって可能となります。したがって従来型のような鍵穴は付いていません。バイクも進化を遂げているのです。
排気量一二五ccですので、一応小型に属する普通のバイクです。

バイクとスクーターについて

私が九州一周の旅の移動手段として使用した「ホンダPCX125」は、見た目からいえばスクーターでしょうが、これをバイクと呼んでいいかどうか当初多少のためらいがありました。そこで、バイクとスクーターについて少し調べてみました。

バイクのことをオートバイともいいます。オートバイはアメリカ英語のオートバイクに由来する和製英語で、英語圏ではモーターサイクルとかモーターバイクといったりします。要するに小型のエンジンがついた自動二輪車のことを意味します。バイクには排気量や用途などによっていろいろ種類があります。排気量の差で見ていくと、第一種原動機付き自転車、第二種原動機付き自転車、軽二輪車、小型二輪者、大型二輪車などがあります。第一種原動機付き自転車は五〇cc以下の排気量で、「原付きバイク」とか「ミニバイク」、「原チャリ」などと呼ばれています。大型二輪車は四〇〇cc超のバイクになります。免許の種類も、これらに応じて原付免許、小型限定普通二輪免許、普通自動二輪免許、大型自動二輪免許があります。これらの中にはＡＴ限定の免許もあります。このように自動二輪車についての解説にはバイクという用語が使用されており、スクーターという用語は出てきません。

小型のエンジンがついた自動二輪車といえば、スクーターもその通りです。しかしバイクとの相違もあります。バイクは、「またがって乗る」「エンジンはむき出しでその位置が着座より前にある」「変速機構がマニュアルミッションである」「足での操作がある」「格好よく操作が楽しめる」といった特徴があります。これに対してスクーターは、「座って乗る」「スカートでも乗れる」「エンジンの位置は着座の後方にある」「変速機構がオートマチックミッションである」「操作が簡単である」「収納スペースが車体にある」「移動が楽しめる」などの特徴が上げられます。こうした特徴から両者を区分することも可能です。総じて「格好いいのがバイク」、「便利なのがスクーター」ともいわれています。ライダーの中には、「スクーターはバイクではない」とか「スクーターは二輪車の中のスクーターという乗り物」という人もいるようです。しかし概念的に整理すれば、バイクは自動二輪車全般を指す言葉であり、スクーターは自動二輪車の一種ということになります。つまり、スクーターはバイクの一種といって差し支えありません。普通、私たちが自動二輪車について話題にするとき、スクーターを含めてバイクという言葉を使っています。そういうわけで、私の二輪車もバイクと呼ぶことにします。「スクーターの旅」といってもいいですが、「バイクの旅」といった方が自然で話もしやすい気がします。

試しの日帰りツーリング

二〇二二年一月になって少し遠くまで出かけてみようと思い、福岡の自宅から唐津市を経由して伊万里市の道の駅「伊万里ふるさと村」まで行ってきました。往路は二〇二号線唐津バイパスを利用したのですが、この道路は自家用車やトラックが時速七〇～八〇㎞台でどんどんスピードを出して私を追い越して行きます。片側二車線あるところはいいですが、一車線しかないところではすれ違う際何度もヒヤッとさせられました。しかもこのバイパスは、路肩が山の影になってあまり日が当たらずに苔のようなものが生えている箇所があります。あまり左に寄り過ぎてこの路肩の上を走るとタイヤがスリップするのではないかとの不安がありました。本当にヒヤヒヤものでした。この経験により、車がスピードを出して走るバイパスや有料道路は走行しない方が安全であると思いました。もっとも、一二五ccのバイクで高速道路を走行することはできません。復路は唐津から福岡まで海沿いの旧道唐津街道を通りました。松の木のトンネルが続く虹ノ松原や左側に広がる海を眺めながらの走行は心地良いものがありました。このツーリングは、往復の走行距離が約一五〇kmほどでしたが、終り頃には尻も腰も痛くなるなどもうクタクタに疲れました。私のバイクではそのときの体調や道路環境にもよりますが、一日のツーリングの距離として一五〇kmは無理があり、一〇〇km前後が適当であると学習しました。その後、糸島半島(六五km)をはじめ私の故郷の嘉麻市（一一七km)、宗像市の宗像大社(九二km)、鐘崎海岸（一一km)、朝倉市の秋月（一〇一km）などへの日帰りツーリングを試みました。九州一周ツーリングに備えてのトレーニングといったところです。

旅のコンセプト～九州一周駅伝を参考に～

今回の旅は、綿密な行動計画を立てたわけではありません。何分、年金暮らしの身は仕事も休暇の期限もありません。自由そのものです。実施期間も宿泊地も決めることなく、「急がず慌てずゆっくりのんびり」をモットーとし、その日の天候や体調、気分次第で自由に変更可能な旅としました。とはいっても、九州をどのように回るかは大雑把でも決めておく必要があります。そこで、今回の旅でだいたいの行程を決めるに当たって参考にしたのが、かつて九州で実施されていた「九州一周駅伝」という大会でした。この大会は、オリンピック出場経験があった元陸上競技選手納戸重徳氏の尽力により、「西日本各県対抗九州一周駅伝競走大会」として一九五二年に創設されています。大会の名称やコース、運営方法はときどき変更されてきましたが、二〇一〇年の第五九回大会までは例年長崎市の平和記念像前をスタートして反時計回りに走り、福岡市の西日本新聞社前をゴールとして一日一〇〇km前後を六～九人のランナーがタスキリレーをして一〇日間で約一〇五七kmを走破するというものでした。残念ながらこのイベントは、諸般の事情から第六二回大会(二〇一三年)で終了しています。私の場合、事前のツーリング体験によって一日に一〇〇km前後走行するのが適当であると考えました。この一日一〇〇km前後というのが九州一周駅伝の場合と重なります。期間は、当時の九州一周駅伝より広い範囲を回るとして、一〇日プラス数日かけての旅としました。コースは九州一周駅伝とは逆に、福岡の自宅をスタートとゴール地点として北九州、大分、宮崎、鹿児島、熊本、長崎、佐賀と時計回りに設定しました。これ以上の計画はありません。旅のコンセプトは、あくまで期日や場所を限定せず九州をバイクで一周するというものです。

どこをどのように旅したか

今回の旅について、以下期日別に天候、訪問した街、走行距離を示し、その日の行程や立ち寄った観光地、宿泊したホテル、経験した内容、感想等を記すことにします。ただし走行距離は、出発した街から次の街までの距離ではありません。滞在した街で観光地や温泉施設、ショッピングセンターなどに行ったりしたので、その分の距離も含まれます。あくまでもその日一日に走った距離を意味します。

第一日目：五月九日（月）晴れ　福岡—宗像—北九州　七三・二km

いよいよ出発の日を迎えました。私はここ数年、福岡市営の西部運動公園テニスコートで平均して週三日、平日の午前中にテニスをしてきました。そして近頃、ひどくはないで

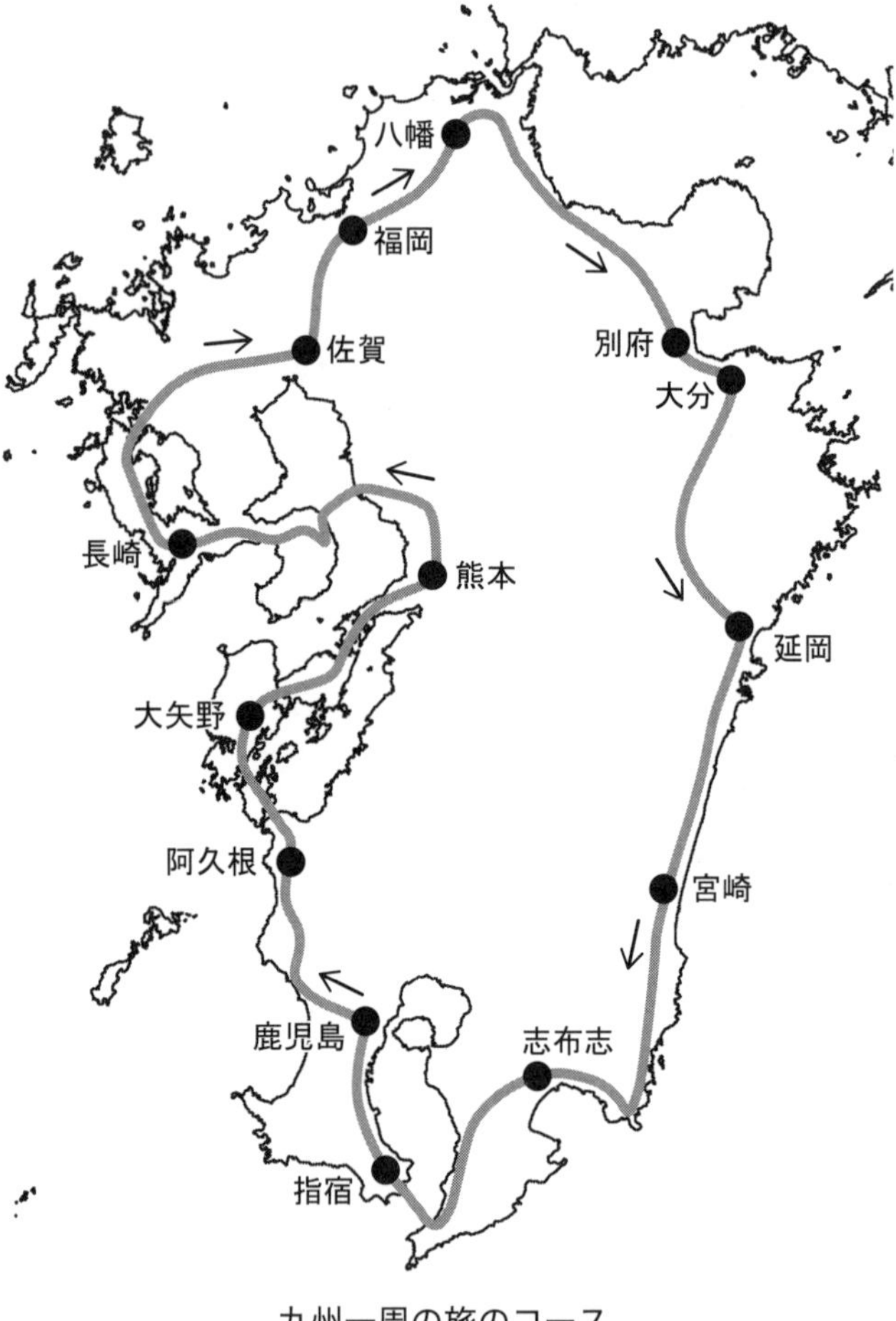

九州一周の旅のコース

すが左膝が少し痛むようになり休養の必要性を感じていました。この日はテニスの実施日で、コートに行ってテニス仲間の人たちには、膝痛でしばらく休ませてほしい旨だけを伝えました。ですからこの後、私がバイクで九州一周の旅に出発するとは誰も知りません。もし旅先で体調不良とか何かのアクシデントがあって、途中で引き返すような事態になったらかっこ悪いですから黙っていたわけです。もちろん旅の準備は前々から進めてきました。特にガイドブックとして昭文社の「TOURING MAPPLE 2022　九州沖縄」（二〇二二年）を利用しましたが、走行ルートやフェリー、温泉施設に関する情報が載っており大いに役立ちました。

この日の天気は晴れで申し分ありません。初日は北九州市の友人で九州保健福祉大学元教授のUさん宅に泊めてもらうことにしました。福岡から国道三号線を利用して北上しました。近年、北九州には墓参りのため年に二～三回は行っていますが、その際もっぱら高速道路を利用しており一般道路を利用することはありません。しかし随分昔のことになりますが、この一般道路を何度か車で走ったことがあります。今回このコースを久し振りに走ってみて、宗像、赤間、折尾、黒崎などかつて通過したことのある街や見覚えのある場所に遭遇して懐かしく思い出したものです。

予定より早く北九州に到着したので、今年四月末にオープンしたばかりの「ジ・アウトレット北九州」を見学することにしました。このアウトレットは、二〇一八年に閉鎖されたかつての宇宙のテーマパーク「スペースワールド」跡地に建設されたものです。ここの敷地は広く約一七〇店舗が出店しており、多くはファッション、スポーツ、アウトドア系の店舗で構成されています。フードコートも広くいろんな食事が楽しめるようでした。平日の午後でしたが、かなり多くの人出がありました。

その後八幡東区にあるUさん宅に行き、暖かいもてなしを受けました。彼は、私の学生時代からの友人でもう五〇年以上の付き合いになります。しかし彼は、私の今回のチャレンジにはっきりと反対の意見を持っていました。「コロナ禍でもあり高齢者が毎日一〇〇㎞もバイクで走るとは危ないではないか」というものでした。有難い忠告ですが、もう出発して来ているので止めて帰るというわけにはいきません。ちなみに、私の家族も今回の旅にすんなりと賛成したわけではありません。どうせ反対してもいうことを聞かないから、仕方なしに送り出したというのが真相です。

第二日目：五月一〇日（火）曇りのち晴れ　北九州―中津―宇佐―別府　一二七・三㎞

この日はまず小倉の三萩野の交差点を目指しました。ＪＲ八幡駅前を通って三号線に入り、真っすぐ行けばその交差点に突き当たります。ところが北九州の道路網はなかなか複雑で、三号線に入るまで何本も余計な道路を走りました。通勤時間帯でもあって道路はどこも結構渋滞していました。時間もかかったのですが、ようやく目指した三萩野の交差点に着き、右折して一〇号線に入ることができました。国道一〇号線を利用すれば、北九州から東九州を南下して大分、宮崎を通過して鹿児島まで一本道で行くことができます。

この日の予定では、中津か宇佐あたりで一泊するつもりでしたが、バイクでの走行は意外にスムーズでした。行橋や中津を通過して、宇佐に着いてもまだ時間の余裕がありました。そこでこの日は、もう少し先の別府まで足を延ばすことにしました。

途中休憩を兼ねて、宇佐にある宇佐神宮に寄って参拝しました。宇佐神宮は国の史跡に指定されており、全国に約四四〇〇〇社あるという八幡宮の総本社になっています。京都府八幡市にある石清水八幡宮および福岡市にある筥崎宮と共に、日本三大八幡宮の一つに数えられます。別名、宇佐八幡とか宇佐八幡宮とも呼ばれています。本殿は、向かって左から一之御殿、二之御殿、三之御殿の三棟から構成されており、主祭神もそれぞれ八幡大神、比売大神、神功皇后が祀られていて左から順に参拝するのが作法とされています。私はこの作法を知らなかったため、空いていた三之御殿から逆に参拝してしまいました。後の祭りでした。宇佐神宮といえば、実は私が教員となって最初の夏休みに友人と車で九州半周の旅をしたときに立ち寄った場所です。今から四九年前のことです。随分昔のことですから、「境内は静かで広かった」ということ以外はほとんど記憶に残っていません。実際、駐車場側の入口から本殿まで五〇〇mほどの距離があり、階段もあってかなり歩いた感じがしま

宇佐神宮の本殿

した。この日、参拝者は少なく境内は閑散としていました。

夕方、別府市内に入ってから一〇号線沿いのビジネスホテル「グッドイン別府」に直接行って部屋を確保しました。すぐ近くには、大型ショッピングセンターやレストラン、コンビニなどもあって便利なところでした。ところで、別府に行ったら是非温泉に入ってみたいと思っていました。チェックインを済ませて一休みし、早速ホテルのスタッフの方に近くの温泉施設がある場所を教えてもらい行ってみました。普通の銭湯のようで入浴料も二〇〇円と安かったのはいいのですが、浴場内にはボディソープもシャンプーも置いてありません。私はこのことを知らずにタオルだけしか持って行かなかったので、しかたなく湯につかって温まるだけにしました。ホテルの大浴場とか温泉センターみたいな規模の大きい施設では、ボディソープとシャンプーは必ずといっていいほど置いてありますが、地元の人たちが日常的に利用するような銭湯形式の温泉場はこれらを持参するのが常識のようでした。

第三日目：五月一一日（水）雨のち曇り　別府—大分—旦野原—大分　三三・四km

別府と大分の間の距離は約一二kmで、車ですと二〇分くらいで行けます。アップダウンも少なく走りやすいとされています。この日の移動距離は、今回の旅の中で最も短いものでした。朝は雨が降っていたので初めて合羽を着て出発することになりました。別府湾を左に見て一〇号線を進むと、やがて右側に自然動物園がある高崎山が見えてきました。高崎山自然動物園には、野生のニホンザルが多数生息していることで有名であり、小学校時代の修学旅行で初めて行ったことを覚えています。最近も外国からの来客があって、湯布院や別府・大分方面に旅行した際、ニホンザルの生態を楽しんでもらうべくこの公園を案内したことがあります。今回は、訪問予定に入れていなかったのでそのまま素通りしました。

出発して時間もそれほどかからず、午前中に前日予約していた大分のホテル「東横イン大分駅前」に着きました。大分で一泊することは始めから決めていました。それはかつて私が集中講義の非常勤講師を勤めていた大分大学を訪問して、大学の現況を確かめたかったということと、知り合いのT教授を訪ねる目的があったからです。幸い午後からは雨も上がり曇り空となったので、旦野原にある大学に向かいました。現在この大学は、私が非常勤講師をしていた三〇数年前とは大きく様変わりしていました。以前は、渋滞で不便だった大学入口周辺の道路は整備されてまったく異なる構造となっており、正門を探すのにかなり迷いました。学内は新しい建物が幾つも建設され、学生が所属する学部、学科も改組されて新しくなっていました。T教授にお会いして、大学の現状と課題みたいなことについて話を伺いました。特に退職した教員のあとの補充がスムーズにいかず深刻のようでした。また私の知っている当時の先生方はすべて定年退職されていました。時の流れを感じたものです。

第四日目：五月一二日（木）雨　移動せず

この日は朝から雨が降っており、予報通り一日中雨模様でした。「急ぐ旅でもないし雨の日は無理して移動することはない」と思い、大分に留まることにしました。午前中はホテルでテレビを見たり新聞を読んだりして過ごし、午後からどうするか考えました。そして、浮かんできたのは別府に行って温泉に入ることでした。大分駅から別府駅までは、普通列車で一二分程度しかかかりません。ＪＲ日豊本線の列車に乗るのは、前回がいつだったか記憶にないほど久しぶりなことでした。別府駅に着いてから、構内の観光案内所で何カ所かの温泉施設を紹介してもらいました。傘さして雨の中を歩いて行くのですから、遠いところには行けません。そこで施設の内容や料金などは問題にせず、駅から一番近いところにある温泉を選びました。その名もズバリ「駅前温泉」というところです。建物は白い壁に緑色の三角屋根という昔ながらの建築が残っており、内部の設備もお湯や水が出る蛇口も近頃では見かけない実に古いのばかりでした。脱衣場にはコインロッカーもありません。昼間ということもあって私の他に誰も入って来る人はおらず、一人で少し熱めのお湯でしたがゆったりと時間をかけて入ってきました。

別府から戻って、大分駅構内や隣接するアミュプラザをブラブラ歩いて夕方まで時間をつぶし、ついでにこの日の夕食を済ませました。ホテルに戻ってから、明日のことを考えました。雨天の場合大分にもう一日留まるという選択肢もありましたが、これ以上特に見るところもなく、またすることもありません。そこで、雨天であっても明日は延岡まで行こうと決めました。そして延岡駅前の「アパホテル」に予約を入れました。

第五日目：五月一三日（金）雨　大分―豊後大野―北川―延岡　一一七・〇㎞

この日は今回の旅で唯一、一日中雨にたたられたツーリングとなりました。天気予報の通り朝から雨が降っていました。この雨はとても止みそうにありません。しかし前日に移動すると決めてホテルも予約しているので出発するしかありません。朝ホテルの前の道路を眺めていると、バイクで走っている人がいました。それを見て、「よし自分も今日は雨の中を走るのだ」と気持ちを強くしたものです。

出発してすぐ国道一〇号線に入り、南下して一昨日訪問した大分大学を右手に見てまず豊後大野市を目指しました。同市は大分から南へ約三五㎞の場所にあり、市の大半は丘陵地と山林で南部は宮崎県と県境をなしています。その次に走行する道路は、豊後大野から延岡まで延びている総延長六七㎞の三二六号線です。豊後大野からこの道路に入るには、道路標識に注意していても迷いそうな箇所があって少し苦労しました。三二六号線は、以前は片側一車線で狭くて離合が困難な箇所も多くあったそうですが、その後道路の拡幅工事やバイパスの整備が行われ、現在では全線にわたって二車線の国道となっています。実際、山間部の峠を通るためトンネルも多いですが、信号もなく通行する車も少なく比較的走りやすい道路でした。走行中雨に濡れて少し寒さを感じるようになってきました。五月とはいえ寒い日もあるのではないかと思い、念のためカーディガンを持参していました。どこか道路沿いに雨の当たらない場所がないか探しましたが、そんな場所はどこにもありません。しばらく走っていると、名称は覚えていませんが工事中で片側交互通行になっているトンネルに出くわしました。交通整理の係員の指示に従って、待機していた数台の車がゆっくりとトンネル内に入って行き、私も最後尾ついて進みました。そして出口の少し手前の地点で通行止めになっている側の道路に入ってバイクを止め、カーディガンをバッグから取り出して着ることができました。トンネルの中で、ゆっくりとバイクが止められたことはラッキーなことでした。

三二六号線の走行は結構長く感じられましたが、やがて再び一〇号線に合流して北川町に着きました。北川は、宮崎県の北部に位置しかつては東臼杵郡に置かれていましたが、二〇〇七年に延岡市に編入されています。一〇号線を再び南下して進み、ようやく延岡市街に入りました。実はここからが大変でした。街の中心部につながると思われる道路に入って進みましたが、延岡駅を示す道路標識が一向に見当たりません。しかたなく地元の人に尋ねて行くことにしました。四～五の人に尋ねたと思いますが、説明と実際が違っていたりしてなかなか駅まで辿り着くことができませんでした。例えば、ある交差点で左折するといわれてもゆるい方向の道もあれば急な左折の道もあってどっちに行けばいいのか、また大きな河が二つあるといわれても実際は一つしかなかったりしました。ということで、最終的には駅前のホテルに到着しましたが、今回の旅で雨の中最も悲惨な経験でした。

一方延岡に行くには、大分からずっと一〇号線を通って佐伯市経由のルートを利用する方法もあります。これですと走る車も多く距離的に遠回りになります。その点三二六号線を選んだことは、ショートカットの道ともなり正解でした。晴れていれば、気持ちのいい山間のコースとなったであろうと思いました。延岡では、今後ホテルで屋外に駐車したバイクが雨に濡れるのを防ぐため、遅まきながらバイクカバーを購入しました。

第六日目：五月一四日（土）曇りのち晴れ　延岡―日向―高鍋―宮崎　一〇八・六㎞

この日は四日振りに待ちに待った晴天となりました。海沿いの一〇号線をまっしぐらに南下して、宮崎市まで走りました。天候に恵まれた海沿いの国道は、走りやすく実に気持ちのいいツーリングとなりました。途中道の駅があったので休憩を取りました。からだに受ける風も爽やかで、太平洋もじっくり眺めることができました。天気がいいと気分的にもポジティブになります。

延岡から一八㎞ほど走ると日向市に入りました。日向といえば、「日向ひょっとこ踊り」が思い出されます。毎年八月に「日向ひょっとこ夏祭り」が華やかなイベントとして開催されています。赤い着物を着て、おかめやひょっとこ、狐の面をつけてユーモラスな動作での踊りです。私は福岡市で毎年五月の連休に実施されている「博多どんたく港まつり」のときに、これまで何度もこの踊りを見たことがあります。

日向からさらに三五㎞ほど先には高鍋町があります。この町に行くのも初めてでしたが、宮崎県の中央にある小さな自治体です。町内に入って走行中、壁に大きく高鍋高校と書かれた建物が右手に見えてきました。建物の形から体育館と思われました。県立高鍋高校といえば、昔野球部が強かったことが思い出されます。同校野球部は過去夏の甲子園に六回、春の選抜に四回、計一〇回出場して、春はベスト八、夏はベスト四まで勝ち進んだ成績を上げています。一九九八年の春以来四半世紀近く甲子園大会に出場していませんが、過去にはプロ野球選手になった卒業生を何人も輩出しています。

その後宮崎に入って、かつて宿泊したことがあるホテル「東横イン宮崎駅前」を探しました。以前は宮崎駅に行けばすぐ側に見えていたのに、現在では高層のショッピングビルが建っていて見ることができなくなっていました。辺りをウロウロして、ようやくビルの裏に接するように立っているホテルを見つけました。チェックインしてから駅構内の観光案内所でもらった市内地図を頼りに、まず宮崎神宮に行くことにしました。同神宮は、神武天皇を主祭神とし併せて父神と母神の二柱を祀っています。歴史は古く、「神武天皇御廟」や「宮崎神社」、「宮崎宮」と称された時代を経て、一九一三年に神宮号が許可されて現在の社名になったといいます。二〇一〇年に歴史的景観に寄与するものとして、本殿をはじめ一一棟の建造物が国の有形文化財に登録されています。地元では「神武さま」と呼ばれ親しまれているそうです。敷地が結構広く、街中にありながら静かな環境が保持されていて落ち着いた雰囲気を感じました。

次に足を運んだのは温泉施設です。宮崎にはこれまで体育学会や各種研修会への参加、プロ野球の春のキャンプ見学のために何度も来たことがあるので、温泉があることは以前から知っていました。大淀川沿いのホテルに「たまゆらの湯」というのがあって、宿泊客でない部外者にも開放しています。駅前からはバイクですぐに行けます。ツーリングの後の温泉は格別です。

第七日目：五月一五日（日）曇りのち雨

宮崎—日南—都井岬—志布志
一二一・三km

まず宮崎から二二〇号線の宮崎南バイパスを通って脇道の三七七号線に入り、青島神社を訪問しました。青島神社は周囲一・五kmの青島全島を境内としその中央にある神社です。縁結び、安産、航海、交通安全の神様とされています。昔、新婚旅行のメッカといわれたところです。波状岩で囲まれた光景は、「鬼の洗濯岩」とか「鬼の洗濯板」といわれ観光名所となっています。車の乗り入れは禁止されており、神社まで行くには青島につながる弥生橋を渡ってかなり歩

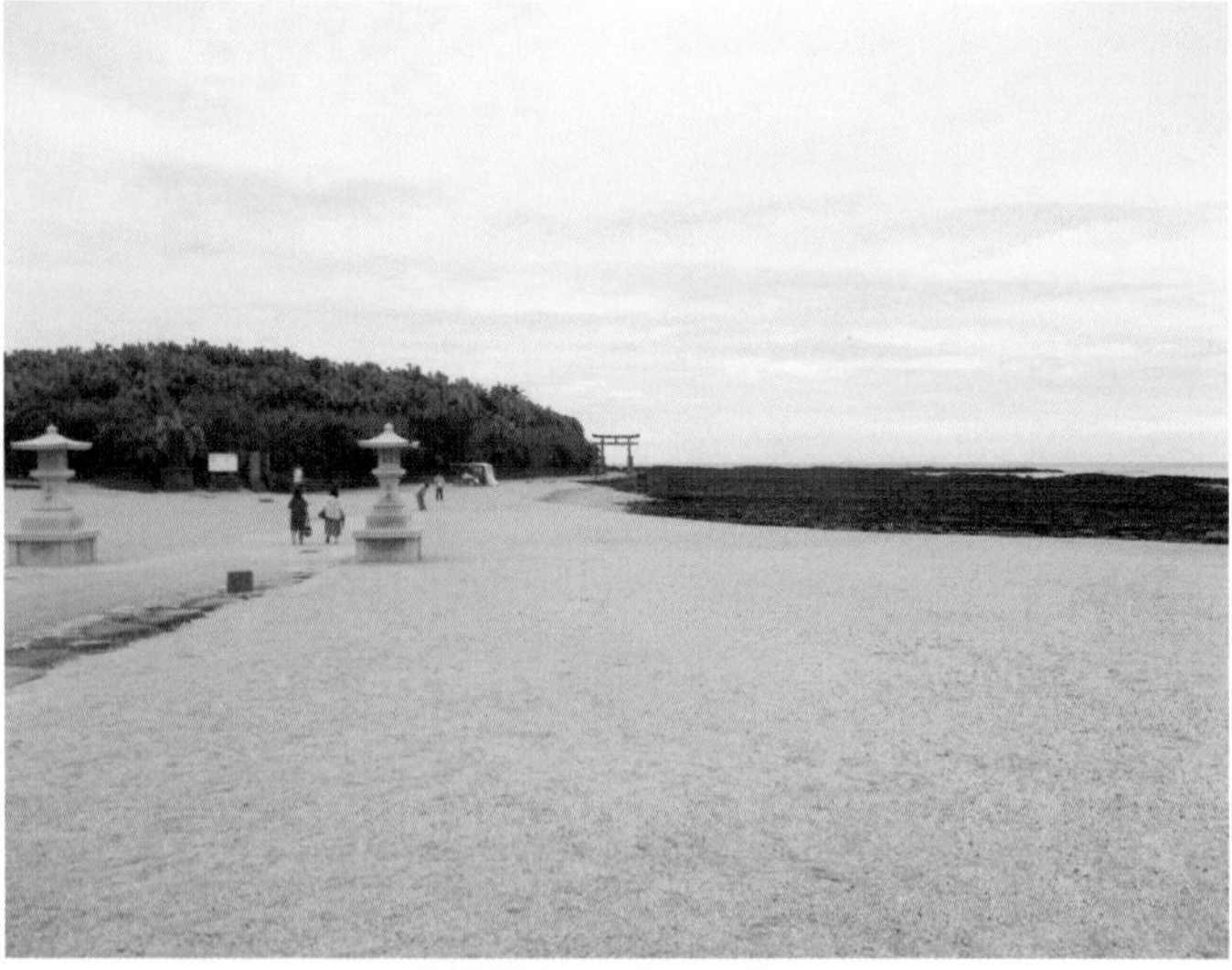

青島神社の鳥居を望む

かないといけません。私は本日走行する予定の距離を考えると時間的余裕がそれほどないと思ったので、本殿まで行かず鳥居の立っているところまで行って引き返しました。朝も早かったせいか、来ている人はパラパラで静かなものでした。ここから再び二二〇号線に合流し日南海岸を左に見て走りました。「鬼の洗濯岩」は青島だけでなく、日南海岸の他の場所にも何カ所かありました。

さてこの後、日南市を過ぎてから海岸沿いの四四八号線に入り串間市の都井岬を目指しました。都井岬は宮崎県の最南部にあり、岬馬と呼ばれる野生の馬と自然の景観が有名です。ここに至るには、四四八号線から途中左折して坂道の三六号線を登って行きます。宮崎から車で二時間ほどかかり、ここに至る道路は狭くて坂道が多く、私も随分長く走った感じがしました。都井岬の駐車場には、「ようこそ都井岬へ」と「夕陽が見える小松ケ丘広場」と書かれた柱が二本立っており、肝心の岬馬は二頭しかいませんでした。「二頭だけというのもおかしいな」と思って後方を振り返ると、そこは丘になっており数頭の馬と数人の観光客がいるのが見えました。それまでは曇り空でしたが、都井岬に着いたとたんにパラパラと雨が降り始めました。そのためこの先にある灯台まで行くのを諦め、野生の馬も遠くから眺めるのみにして、一五分程度滞在して次の志布志市を目指して出発しました。

せっかく都井岬まで来たのに、短時間で引き上げたのには雨が降ってきたことの他にもう一つ理由がありました。都井岬へ行く途中、バイクの燃料が少なくなっていることに気が付きました。ついうっかり確認を怠っていたのです。早く補給しなければと思っても、道路沿いにガソリンスタンドはまったく見当たりません。「あとどれだけ走ればいいのか」、「途中でガス欠になったらどうするか」など、不安をかかえての走行でした。再び四四八号線をひた走って串間に入り、街中でガソリンスタンドの看板が見えたときは本当にホッとしました。

昼前でしたが雨がだんだんと激しくなってきました。とにかく次に休憩できるところまで進もうとしました。するとラッキーなことに、ほどなく大きな道の駅が右側に見えてきました。早速駐車場にバイクを止めてその建物に入りました。ここは「串間温泉いこいの里」といって、レストランの他宿泊施設や温泉大浴場、サウナ、障害者用風呂、売店などがあって規模が大きく、池には鯉も泳いでいました。

昼食をとってしばらく休むことにしました。雨は午後も降り続いていてなかなか止みそうもありません。ここで一泊することも考えましたが、周りには何もないので明朝まで退屈な時間を過ごすことになりそうです。そこで、少々濡れてもいいので次の志布志まで行くことにして、同市内のホテルに電話して今晩の予約をしました。宿泊先の「ホテル志布志」に着く頃、雨は幾分小降りになっていましたが、何かと雨にたたられた午後でした。このホテルに着いて、早速屋外に止めたバイクに延岡で購入したカバーをかけました。このホテルは建物も新しく、スタッフの方はとても親切でした。

第八日目：五月一六日（月）雨のち曇り　志布志―鹿屋―根占―指宿　七七・一km

旅に出て一週間が経ち二週目が始まりました。この日も朝から小雨が降っていました。雨中走行のための準備をして、一路鹿屋市に向かって出発しました。志布志から鹿屋までの距離は約二二kmとそれほど長くはなくスムーズに移動できました。私は鹿屋にはこれまで三回来たことがあります。訪問先は鹿屋体育大学が二回、県立鹿屋高校が一回です。前者は研究資料の収集と体育学会に参加するため、後者は佐賀大学が実施している高校生対象の出張講義をするためでした。いずれも、鹿児島の鴨池港からフェリーで垂水港に渡りそこから車を利用しての訪問でしたので、今回のように志布志方面から来たのは初めてでした。ところが市内を走っていて、次に通るべき南大隅への道がなかなかわからずちょっと焦りました。というのも根占港から出るフェリーの出航時間が午前一一時でして、これに乗り遅れたら次は午後三時出航となり四時間も待ちぼうけをくらう羽目になります。何としても午前の便に間に合うように行かないといけません。そうこうするうち市役所を見つけたので、中に入って職員の方に道を尋ねておおまかな方向はわかりました。教えられた道を走っていると、街外れに差しかかったりして今の道が正しいのかどうか不安になり、途中でコンビニに寄って再び道を尋ねました。ここの店員さんは親切で、丁寧に地図まで書いて道順を教えてくれました。そしてようやく、海沿いの二六九号線に入ることができました。雨も上がり、少しスピードアップして走ったので根占港には余裕を持って到着できました。

今回の旅で初めてフェリーに乗って、出航から五〇分後に薩摩半島の山川港に正午前に到着しました。すぐ近くの道端に「山川港道の駅活お海道」という道の駅があったので、ここで昼食をとることにしました。同様にフェリーで来た乗客たちの多くがここで食事をしていました。食後二六九号線を北上するとまもなく指宿市に着きました。まず今晩泊まるホテルを探さないといけません。地元の人に尋ねると、「指宿駅近くにグリーンホテルというのがあります」と教えてくれました。早速行ってみると、幸い部屋が空いていたので予約しました。毎回のことですがホテルが決まるとホッとします。荷物をフロントに預けてチェックインまでの間、「観光スポットの砂風呂はどこで入れるのか」、「マーケットのある場所やどこにどんなレストランがあるか」など、情報を仕入れるため街の様子を見て回りました。

指宿に来た主な目的は砂風呂に入ることです。チェックインした後、ここで有名と思われる「砂むし会館」というところで初めて砂風呂を体験しました。砂風呂の様子はこれまで何度もテレビで見たことがあるので、一度は入ってみたいと思っていまし

指宿の砂風呂の風景

た。建物のすぐ裏側が海岸となっており、指定場所に行って浴衣姿で寝そべるとスタッフの方が砂をかけてくれます。首だけ出して温まるのですが、一〇分もしたらジワジワと汗がにじんできました。「ああこれが砂風呂というのか」、期待した通りからだが温まり満足した気分になりました。この日の午後は、雨も上がりときどき薄日も差すようになりました。私は砂風呂を外の砂浜で経験できたのですが、「雨天の場合はどうするのだろうか」と考えていました。辺りを見渡すと、雨天の場合に備えてこの施設にはちゃんと屋内の砂風呂用設備が併設されていました。よけいな心配でした。砂風呂から上がると、次のコースは砂のついた浴衣を脱いで大浴場の温泉に入ります。さっぱりした気分でホテルに戻りました。

第九日目：五月一七日（火）曇りのち晴れ　指宿―池田湖―鹿児島　七三・八㎞

指宿から国道二二六号線を北上して鹿児島市までがこの日の行程です。走行距離はそれほど長くないので、朝は池田湖に寄ってみることにしました。二二六号線を走っていると、道路標識があって池田湖は左折と記されていました。ところが左折直前に気が付いたのですが、前方にも標識があってそこには直進と指示されていました。アレッと思い左折後すぐUターンして、バイクに乗っている人が赤信号で止まっていたので近寄ってこの点を尋ねました。そうしたら、「左折でも直進でも池田湖に行けますが直進して行くと遠回りになります」ということでした。初めて通行する者にとっては何ともわかりにくい道路標識でした。

さて池田湖は、直径三・五㎞、周囲一五㎞あるカルデラ湖で、最大水深二三三mもある九州最大の湖です。大ウナギが多数生息しており、謎の生物「イッシー」が棲むといわれる神秘的な湖でもあります。大ウナギは、最大のもので体長一・八m、胸回り六〇㎝、体重

早朝の池田湖と開聞岳

二〇kgほどあったといいますから半端ではありません。一度見てみたいものです。朝早く到着したので人出はわずか数人でした。湖面は静かで後方にはひと際高く開聞岳がそびえていました。この山は薩摩半島の南端にある標高九二四mの火山で、「日本百名山」にも選定されています。またその姿が富士山に似て見事な円錐形をしているところから、地元の名を取って「薩摩富士」とも呼ばれています。池田湖の後ろに開聞岳がある光景は、絵になるいい眺めでした。

池田湖を後にして、再び二二六号線に戻りひたすら北上しました。天気も回復して、鹿児島湾を右に見ながらの快適なツーリングとなりました。やがて右手に桜島が見えてきました。本日の目的地鹿児島はもうすぐです。しかし、鹿児島市内に入ってからJRの鹿児島中央駅までは随分距離があったように感じました。前日予約したホテル「東横イン鹿児島中央駅西口」は中央駅近くにあります。何人かの人に尋ねて、ようやくのことホテルに辿り着きました。チェックインを済ませて一休みです。

私は、鹿児島には今の中央駅が西鹿児島駅といっていた頃から仕事や旅行で何度も来たことがあります。以前の西鹿児島駅は、「有明」や「にちりん」、「つばめ」、「富士」、「はやぶさ」といった特急列車の終着駅でした。それが、二〇〇四年に九州新幹線が当駅と新八代駅間で部分開業することに伴って現在の名称に代わり、駅そのものも近代化されてすっかり様変わりしました。駅周辺を歩き回った後、駅前の電停から市電に乗って天文館まで行きました。天文館はご承知のように南九州一の繁華街です。といっても夜に一杯飲むのなら別ですが、昼間ですとアーケード通りを歩いてブラブラする程度でした。

また市内には、別府と同じように温泉の銭湯があちこちにあります。この日の打ち上げとして市内地図を見ながら近くの銭湯まで歩いて行き、ゆっくりと温泉を楽しむことができました。

第一〇日目：五月一八日（水）晴れ　鹿児島―いちき串木野―薩摩川内―阿久根
八八・八㎞

鹿児島を出発する前に、薩摩藩第一一代藩主の島津斉彬公を祭神として祀ってある照国神社に行って参拝しました。同神社は市内の中心部に位置し、その裏には小高い丘の城山があります。以前来たときは車の中から鳥居越しに眺めただけでしたので、本殿まで行ったのは今回が初めてでした。私はいつの年度だったか忘れましたが、集中講義で鹿児島大学に来たとき、世話していただいたT助教授との話の中で照国神社のことが話題になりました。そのとき彼が、「照国神社には七月に行うのに六月灯という祭りがあります」と話していたのを覚えています。記憶とは妙なもので、そのときの会話の概要は忘れましたがこの部分のみは今でもはっきりと覚えているのです。「六月燈」は島津斉彬公の命日に合わせて毎年新暦の七月に開催される伝統的祭りです。境内にはたくさんの灯籠が奉納され、神社前の沿道には夜店が立ち並び大変な人出で賑わうそうです。「六月灯」は県内の多くの神社で実施されていますが、ここでの祭りは夏の風物詩として最も盛大で毎年一〇万人の参拝者があるといいま

照国神社の大鳥居

す。

また同神社の近くには、鹿児島が生んだ英雄西郷隆盛の像が設置してあり、これも拝見しました。この像は陸軍大将の制服姿で高さが八mあり城山を背景に立っています。彼は、江戸城の無血開城や明治新政府樹立など日本の新しい国づくりに大きな功績を残していきます。後日、西南戦争で政府軍との戦いに敗れ城山で自決しています。像の周りには広場がなく、近くで見るには歩道の上から見物することになりますが、道路を挟んだ手前の場所から見学したり写真を撮ったりすることもできます。西郷隆盛の像は、東京上野公園その他にも設置されていますが、ここの像はガイドブックには定番の観光スポットとして紹介されています。

さてこの日から、今まで行ったことがない地域での走行が続きます。前日のことでしたが、明日は少なくとも阿久根市まで移動しようと思っていました。そこでガイドブックを見ていたら阿久根の先ところにビジネスホテル「クアドーム」という温泉マークがあるのを見つけました。阿久根からそれほど離れておらず、そこまで容易に行けそうだったので早速電話して部屋を予約しました。次の天草市入りがなるべく容易になるように、距離を稼ぐにはグッドアイデアでした。

この日はまず国道三号線に入って鹿児島の街を後にし、いちき串木野市さらに薩摩川内市を経由して阿久根を目指しました。これらの街をバイクで走るとは、これまで思ってもいませんでした。薩摩川内を過ぎると、鹿児島街道と呼ばれる海沿いの道路を走ります。この街道は別名薩摩街道ともいわれています。左側に広がるきれいな海は東シナ海です。東シナ海といえば、沖縄県の尖閣諸島があって中国海警局の船が日本の領海や接続水域に頻繁に侵入するという実態が連日のように報道されています。そのため遠い彼方の海といったイメージが浮かびますが、この場に来て「東シナ海は九州の海岸からも続いているのだ」と、当たり前のことを

鹿児島街道沿いの東シナ海

認識した次第です。天気もよく通過するだけではもったいないと思い、バイクを止めてしばしその海を眺めていました。

阿久根市赤瀬川にある「クワドーム」は、シングルで朝食付き六四〇〇円、建物は新しく部屋もきれいでした。さらに併設されている天然温泉の大浴場も、広くて清潔でサウナもあります。朝食は一般的なバイキング方式ではなく、チェックインのときに和食か洋食かを選びます。私は洋食を選んだのですが十分満足のいく内容でした。宿泊客だけでなく、地元の人たちも入浴したり食事したりすることができます。ここでの宿泊は、料金もリーズナブルで何だか得した気分でした。まさに、宿泊の穴場であったといっていいでしょう。

第一一日目：五月一九日（木）曇りのち晴れ　阿久根—長島—天草—大矢野　一二五・六㎞

前の日に、天草市の下島か上島に絞って一泊するホテルを探していたのですが、どうしても手頃なところが見当たりません。そこで、予約できたのが天草でも上島よりもっと先の大矢野島にあるホテルでした。この日はかなりの長丁場の移動となりました。今回の旅で最も朝早く七時三〇分にホテルを出発しました。まず三号線から左方向となる三八九号線に入り北上して出水郡の長島町を目指しました。長島は鹿児島県の最北端にあり海岸線に囲まれた町です。阿久根と長島をつないでいるのが全町五〇二mの黒之瀬戸大橋です。この橋は自動車・バイク用道路の他に、歩行者専用通路が設けられています。一九七四年に開通した当時は有料でしたが、一九九〇年に無料開放されたそうで有難いことでした。橋を通過してひたすら三八九号線をまっしぐらに走って、フェリー乗り場の蔵之元港に到着しました。九時に出航したフェリーは、約三〇分後天草の牛深港に接岸しました。牛深といえば「ハイヤ踊り」が有名です。毎年四月に「牛深ハイヤ祭り」が開催され、「ハイヤ総踊り」や漁船による「船団パレード」などのイベントが実施されています。

ここからは初上陸の天草でのツーリングとなります。天草下島を北上するには海岸線を行くルートもありますが、内陸部の二六六号線を走ることにしました。このルートは豪快なアップダウンがあったり山深い箇所があったりしましたが、気分的には爽快でした。特に途中で休憩した道の駅「宮地岳かかしの里」は面白いところでした。遠くから見ると、人がいるように見えたのですが実は全部かかしでした。二〇一二年に廃校となった宮地岳小学校を再活用したためずらしい道の駅です。そこでの基本コンセプトは「古き良き時代の田園風景の再現」だそうで、教室での授業、掃除の時間、グラウンドでの運動遊び、住人たちの集まりなどの風景がすべてかかしで表現されていました。

天草上島に入ってからは、海岸に沿って延びている三二四号線を通りました。対岸の陸地は島原半島で見渡せる海は島原湾です。気持ちよく走行していましたが、この後意図しない事態となりました。それは旅の出発前に、バイパスや有料道路はハイスピードで車が走っていて危険度が高いので走行しないと決めていたのですが、慣れない道路標識に迷ってつい有料道路に入ってしまったのです。それは松島有料道路といって、片側一車線で中央線上にはラバー

天草の道の駅・宮地岳かかしの里

ポールがずっと設置してあります。案の定車やトラックが、時速七〇km以上のスピードでバイクの私を追い抜いて行きます。道路幅の広いところを見つけて、ウインカーを出して何度もよけましたがとても気を使いました。通行料金は軽自動車等の一五〇円でしたが、後で車種区分の料金を確かめたところ軽自動車等の中の二輪車は「一二五cc超」となっていました。私の一二五ccクラスのバイクは通行できなかったものと思われます。「気が付きませんでスミマセン」でした。

朝早く出発し有料道路を利用したせいか、予定より大幅に早く上天草の大矢野町に到着しました。今晩止まる「ホテルエーゼッ

特徴的なデザインの天草四郎ミュージアム

ト」に荷物を預けて、近くにある「天草四郎ミュージアム」を訪問しました。天草といえば天草四郎が思い出されます。ですからこのミュージアムは必見といっていいでしょう。この建物は二六六号線のすぐ側の高台に建っており、十字架をモチーフにした白色の美しいデザインに特徴があります。ここでは天草四郎の他、天草・島原の乱、南蛮文化、キリスト教の歴史などについて紹介しています。天草四郎は出生地や享年も諸説あって謎の部分が多いですが、大矢野島出身という説が有力視されています。彼は当時一六歳、江戸時代初期に勃発した大規模な一揆「島原の乱」の総大将となって幕府軍と戦ったのですが、総攻撃を受けて全滅したとされています。ただし彼自身が一揆の指揮を執ったという記録は残っておらず、総大将に選出されたのは一揆衆の戦意高揚のためであったというのが真相のようです。いずれにしても、天草四郎の出身地に来てしばし「南海の美少年」に思いを巡らせました。

ホテルのチェックインを済ませてから、お馴染みの行動パターンになりますが、「スパ・タラソ天草」という温泉センターに行きました。こういうときの移動手段としてバイクは実に便利です。通常の入浴料は大人五〇〇円ですが、木曜日は「シルバーデー」といって割引がなされ三〇〇円で済みました。タラソとは聞いたことがない言葉ですが、ギリシャ語で海を意味し海水や海藻など海のいろんな資源を活用して人の自己治療力を高めようとする自然療法から来ているといいます。ここではタラソセラピーが行われています。海を眺めながら、露天風呂に入りましたが最高の気分でした。

第一二日目：五月二〇日（金）晴れ　大矢野―宇土―熊本　七一・二㎞

昨日は、天草上島の松島有料道路終点から先にある松島橋、前島橋、中の橋、大矢野橋を渡って大矢野島に着きましたが、今日は二六六号線の天門橋を通過して九州本土に入ります。以上の五つの橋は総称「天草五橋」といわれています。これらの橋を含めた道路は、「天草パールライン」と呼ばれ一九六六年に開通しました。当初は有料でしたが一九七五年に無料となりました。熊本県宇城市と天草上島を結ぶ観光ルートとして「日本の道一〇〇選」にも選ばれ、風光明媚な海の景色を楽しむことができます。初めて通過した天草は、道路の状態もよくまた天気が良かったせいもあって、とても快適なツーリングとなりました。

九州本土の宇土半島に入ると、遠く雲仙を望む海沿いの道路五七号線が続きます。やがて三号線にぶつかり、左折して北上すると熊本市内に入ることができます。時間はそれほどかからず、午前の早い時刻に熊本の中心部に着きました。そこでまず訪問したのは水前寺公園です。国の名勝および史跡に指定されており正式には水前寺成趣園というそうですが、一般的には水前寺公園として知られています。築庭三五〇年にもなるそうで相当古い歴史を有しています。阿蘇の伏流水が湧き出ていて池の水がすごくきれいです。この公園は前回家族で訪れて以来三〇数年ぶりでしたが、庭の全景はだいたい記憶に残っていました。園内にある出水神社に参拝してしばらく休憩しました。静かな環境で心も落ち着きました。

午後は熊本のシンボルともいうべき熊本城に足を運びました。熊本城は四〇〇年以上も前に加藤清正が築城し、歴史上しばしば重要な舞台となってきたものです。城の近くまで来たものの車の駐車場は何カ所もあるのですが、バイクを駐車するところがなかなか見つかりません。随分周囲をうろついた結果、ようやく城から少し離れたところにバイク用の駐車設備を併設した駐車場を見つけました。そこから、正面に城の見える電車通りに出て直進し突き当りまで歩いたのは良かったのですが、城への入口が見当たりません。近くにいた人に尋ねると、突き当り地点から左折した先にあるといいます。実際かなりの距離があり高齢者の私には少々苛酷なウォーキングでした。入場券売り場では高校生以上は八〇〇円ですが、「福岡市、北九州市および鹿児島市から来た六五歳以上の高齢者は入場料免除です」といわれ、運転免許証を提示するだけで済みました。なんて優しい取り扱いでしょう。少し元気が出てきました。

ご承知の通り、この城は二〇一六年の熊本地震により天守閣の瓦や鯱の落下、石垣の崩落、櫓、門などに甚大な被害を受けました。震災後まもなく復興に向けて工事が始まり、二〇一九年には「熊本城特別公開」がスタートしました。もちろん復興工事は現在も続いています。熊本城の敷地は東京

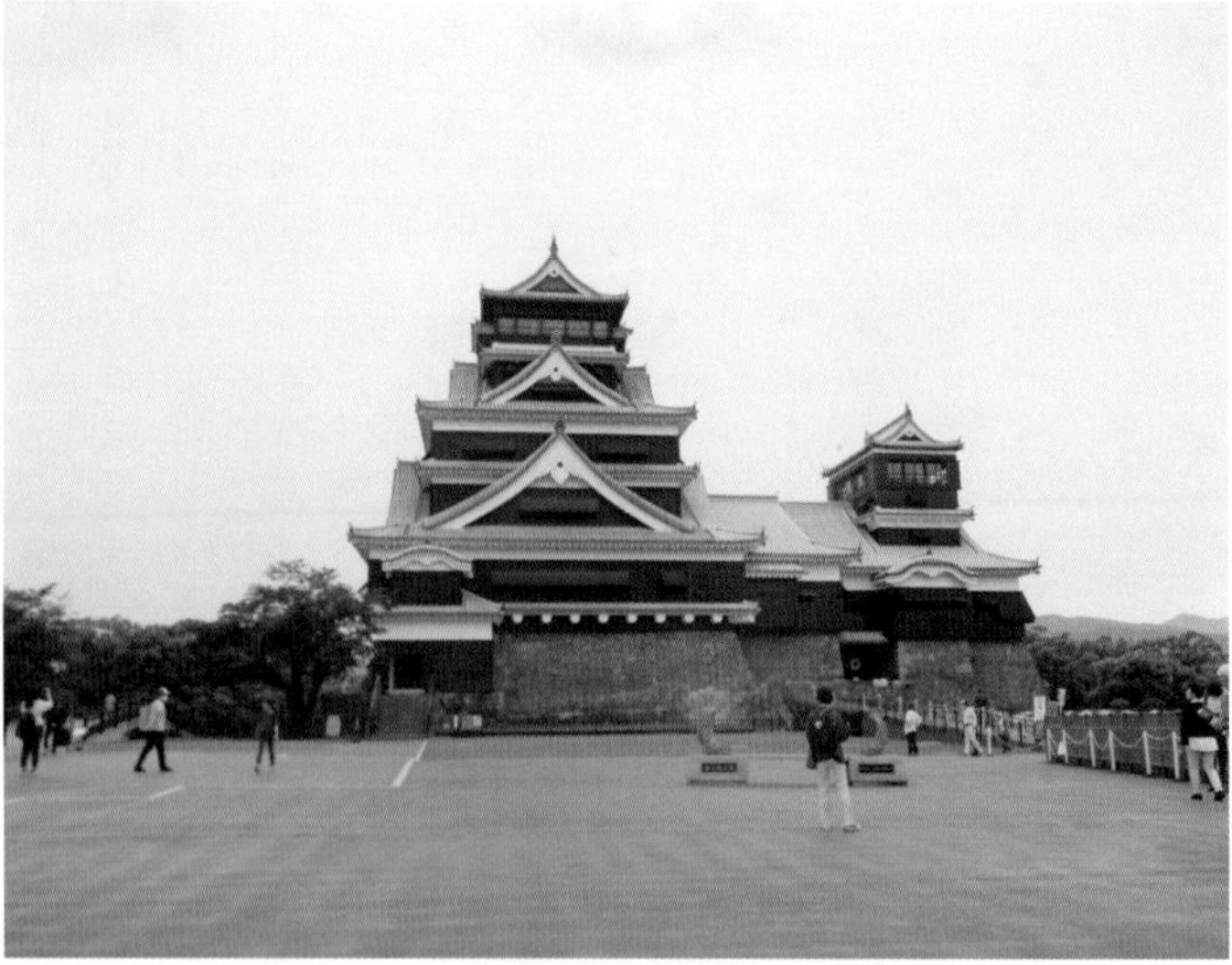

復興した熊本城

ドーム一二個分と広く、天守閣まではこれまた結構歩かないといけません。途中崩落したままの石垣や傾いた家屋など、地震の爪痕を確認することもできます。復興した天守閣は鉄筋コンクリートで再建され、明るく清潔で三機のエレベーターを備え、耐震対策もなされさまざまな展示や映像での歴史の紹介もあるなど、再生した姿を見ることができました。天守閣の六階展望フロアはガラス張りで見通しが良く、復興中の城と熊本市内が見渡せます。見学した感想としては、「非常に近代化されていて素晴らしい」のひと言でした。少し疲れましたが、この日は市内に住む親戚の家に泊めてもらいました。

第一三日目：五月二一日（土）曇りのち晴れ　熊本―玉名―島原―長崎　一〇九・一km

旅も終わりに近づいてきました。この日は玉名市で特別支援学校の教員として勤務している教え子のT先生と、昼食を共にすることになっていました。熊本から玉名へは三号線から途中二〇八号線に入れば一本道で行けます。左折すべき舞尾の交差点をつい通り過ぎてから気付き、すぐさまUターンして道路標識を確認して先ほどの交差点を右折しました。落ち合う約束の場所は玉名駅です。少し早く着きそうでしたので、手前のショッピングセンターで休憩して時間の調節をしました。T先生と落ち合ってから近くのレストランに移動しました。私が佐賀大学を定年で退職するときの送別会で会って以来ですから、実に一二年ぶりの再会でした。退職後もこうして教え子と再会できるとは嬉しいものです。教員生活を送ってきた者にとっては、教師冥利に尽きるといえます。食事をしながら、いろいろこれまでの身の回りの出来事など語り合うなどして楽しい時間を持つことができました。

さてこの日はこの後長洲港から有明フェリーで島原の多比良港に渡り、長崎市まで行く予定でした。玉名から長洲港への道のりはわかりにくく複雑でした。道路標識に

フェリーから見た長洲港

書いてあれば問題ありませんが、何も表示のない交差点が幾つもあって地元の人に尋ね尋ねしながら行きました。途中、もしフェリーで出航するのが遅くなれば長崎まで行かずに島原で一泊することも考えました。ようやくのこと長洲港に着いたときはホッとしました。出航時刻と対岸の多比良港への到着時刻を確認すると、何とか長崎まで行けそうです。そこで、その場で駅近くのホテル「東横イン長崎駅前」に電話して部屋の予約をしました。今回の旅でフェリーに乗って海を渡るのはこれで三度目です。フェリーに乗ってくるバイクの数は多くはありませんでしたが、ほとんどが大型のバイクばかりでした。

島原に着くと五七一号線を走って長崎を目指しました。島原には現役時代に、大学体育連合の研修会や県立島原高校での出張講義のために来たことがあります。五七一号線も車で通ったことがあり当時のことがよみがえってきました。

長崎には、これまで長崎大学とこころ医療福祉専門学校での集中講義のために何度も来たことがあります。ですから私にとっては懐かしい街です。毎回のことでしたが、滞在中一度は新地の中華街に行って夕食をとったものです。今回もホテルで休息をとってから、迷うことなく路面電車に乗って中華街に出かけました。長崎の中華街は、縦横合わせて約二五〇ｍの十字路の形をしており、東西南北すべての入口には中華門が立っています。通りには中華料理専門店の他、中国の菓子、雑貨など約四〇店舗が軒を並べており、横浜、神戸と並ぶ日本三大中華街の一つとして長崎の人気観光スポットとなっています。この日は以前より人通りは少なく、各店の来店客もパラパラといったところでした。また既に閉店している店も幾つかあって、活気のなさを感じました。やはり新型コロナの感染が影響しているものと思われました。

第一四日目：五月二二日（日）晴れ　長崎―西海―伊万里―佐賀　一四六・六㎞

この日は、長崎から佐賀までという今回の旅で最も長い距離を走ることになりました。ただし出発前は、途中の佐世保か嬉野温泉あたりで一泊しても良いと考えていました。長崎から二〇六号線を北上し、現在は合併して西海市となった西彼町を経て西海橋までのツーリングは、天気も良く道路も整備されていてとても快適でした。西海橋は、全長三一六m、海面からの高さが四三mあり、西彼町と佐世保市の針尾東町をつなぐアーチ式の橋です。私の娘たちが小学生の頃、今は閉鎖されているテーマパーク「オランダ村」に家族で行ったとき以来、三〇数年ぶりにこの橋を通過して懐かしく思いました。私は知らなかったのですが、現在では新しく「新西海橋」ができており、橋桁の下には歩行者専用道も併設されています。途中まで歩いてみたのですが、眼下に渦潮を見ることができます。二〇〇六年に開通した当時は「第二西海橋」とされていたため、地元ではそのままこの名称が使われることが多いそうです。

西海橋を後にして二〇二号線を北上し、伊万里市を通過してさらに唐津方面に進むと道路沿いに道の駅「伊万里ふるさと村」があります。ここは、本年一月に福岡から唐津経由で初めて長距離のツーリングをして訪問したところです。今回は逆方向からやって来たことになります。前回もそうで

新西海橋から見た旧西海橋

したが、この道の駅を訪ねる主な目的は入口側に豆菓子店があって、ここで販売しているピーナッツを買うためです。この店では、「炭火煎り」という方法でピーナッツをつくっています。すなわち、豆を煎るのにガス火ではなく炭火を使うことによって、豆本来の旨味を損なうことなく香ばしいピーナッツができるということです。ここの道の駅には、その他乾物店、陶器店、伊万里牛の焼き肉店、レストラン、売店、広場などがあり、しばらく休憩することにしました。そして現在の時刻と体調を考慮して佐賀まで行けそうでしたので、ここから電話して駅前のホテル「ルートイン佐賀駅前」の部屋を予約しました。

さてこれから先は本日のラストスパートに入ります。ここからの行程は少し複雑なルートを通過することになりました。二〇二号線の小麦原の三差路を右折して三二号線で佐賀方面を目指しました。二〇三号線で多久市、三四号線で小城市を通過して佐賀市内に入り、最後は二六四号線を通ってJR佐賀駅に着きました。私はかつて佐賀大学に一八年間勤務しましたので、佐賀は第二の故郷みたいなものです。

ホテルに着いてすぐ、佐賀大学のK名誉教授に電話しました。彼は私と専門分野は違いますが、これまで長く一緒にテニスをやってきた仲間の一人です。気心の知れた仲ですので許されると思い、今佐賀に来ている旨伝え今晩一緒に食事できないか問うたところ彼は快く応じてくれました。電話するのが当日になったのは、佐賀入りは明日二三日になるかもしれなかったからです。彼とは久しぶりに会って旧交を温めました。私がバイクで九州一周してきたことを話すと驚いていました。その日は、長いツーリングの後とあってグッスリ眠ることができました。

第一五日目：五月二三日（月）晴れ　佐賀―柳川―佐賀―福岡　九〇・一km

いよいよ本日で九州一周の旅も終りです。昨夜ホテルのベッドに入ると、これまでの一四日間のツーリングでいろいろ見たものや経験したことが浮かんできました。明日で終わりかと思うと、何だか寂しい気持ちにもなってきました。

本日のルートの中に柳川市が入っているのは、旅の打ち上げとして昼食にウナギを食べに行くことにしたからです。佐賀大学時代にときどき食べに行っていた「山田屋」というウナギ専門店です。この店のウナギ料理は味が良くボリュームもあって私のお気に入りでした。昔来ていたときはたいていかなりの来店客がいて賑わっていたのですが、この日はコロナ禍のせいでしょうか昼食時なのに客はほとんど入ってなく空いていました。これまで佐賀から柳川まで何度も行きましたが、バイクで往復したのはこの日が初めてでした。

昼食後佐賀に戻り古巣の佐賀大学を訪問しました。何人か知り合いの先生方の研究室を訪ねたのですが、アポイントメントを取っていなかったこともあって、不在が多く会うことができませんでした。ただ一人若い准教授のY先生がたまたま在室だったので、お邪魔していろいろ大学の現況について伺うことができました。私が在職していた当時の同僚の先生方は、ほとんど定年退職や他大学への異動でいなくなっていました。大学自体もこの一〇数年間に、新しい建物や駐車場、道路などが整備されて随分変わっていました。私が最初に赴任したときの研究室があった建物も取り壊されて、そこに新しい棟ができていました。卒論指導をはじめ学生たちとの触れ合いの場であった古い研究室でしたが、今は思い出の中に残るのみとなりました。これも時代の流れでしょう。

佐賀大学を後にして、二六三号線を通っていよいよ旅のゴールである福岡のわが家を目指しました。佐賀と福岡の境には標高五八一mの三瀬峠があります。急なカーブが多くバイク愛好家たちにとっては、楽しめる道路となっています。私はこれまで車で何度か通ったことがあります。ただ冬場には、積雪や路面の凍結によってときどき通行止めとなることがあります。一九八六年に三瀬トンネル有料道路が完成し、また福岡側に二〇〇八年には直径二〇〇ｍのループ橋ができるなどして、三瀬峠の通行は随分便利になりました。トンネルを過ぎるとゴールまであと約一五㎞ほどです。何やらこのあたりからドッと疲れが出てきたようで、きつく感じるようになりました。昨日の長距離走行も影響しているかもしれません。「あともう少しあともう少し」と、自分にいい聞かせながら走りました。そしてついに、午後五時過ぎわが家に辿り着きました。その瞬間、九州一周してきたという達成感やら満足感がドッとわいてきました。と同時にグッタリと疲労感にも包まれました。何はともあれ無事ゴールできて良かったです。お疲れ様でした。

雨の日の走行

雨の日にバイクで移動したのは、旅の三日目午前中の別府・大分間、五日目の大分・延岡間、七日目午後の都井岬・志布志間、八日目午前の志布志・鹿屋間でした。このように旅の前半に集中して雨に遭いました。特に五日目の大分・延岡間一一七㎞は一日中雨の中の走行となりました。その他の三日間は雨に遭ったといってもそれぞれ半日程度のことで、それほど困難な道のりであったとは思っていません。私の荷物は、バイクの座席下の空間と後部に取り付けたトップボックスの他に、やや大きめのボストンバッグと小型のショルダーバッグに入れて運びました。雨の日に備えてボストンバッグは大きめのゴミ袋の中に入れて紐でくくり濡れないようにして、肩にからって座席の後ろに乗せるようにしました。車での移動ならどうってことはありませんが、バイクとなると雨風をまともに受けての移動となります。以下は主に旅の五日目の大分・延岡間の走行で感じたことです。

雨中の走行では、第一に雨の水滴がヘルメットのフェイス面について前方が見えにくくなります。おまけにコロナ感染対策で付けているマスクで眼鏡も曇りがちです。赤信号で止まる度に何度も眼鏡の曇りを指で取りました。要するに雨中では視界が悪くなるということです。第二に私を追い越していく車は、水しぶきを上げて行きます。特に大型トラックとすれ違う際は悲惨です。後ろから追い抜いて行くトラックも前から来てすれ違うトラックも、場所によってはすごい水しぶきを上げて去って行きます。この水しぶきから逃れることはできません。耐えるしかないのです。第三に路面が濡れている場合、タイヤのスリップに注意しないといけません。特に三二六号線は山間部の峠となっているのでカーブも多く、ヒヤッとしたこともたびたびありました。カーブではいうまでもなくスピードを落として慎重に走行することが求められます。第四に合羽を着て走ったとはいっても、長時間雨に遭うと下に着ていたジャンパーはもちろんシャツまで濡れてしまいます。短い時間であればそうでもないですが、長時間の場合はあらかじめ合羽に防水スプレーをかけておくなどの対策が必要と思いました。やっとの思いで延岡のホテルに着いたとき、すぐにホテル内のコインランドリーで洗濯をしたことはいうまでもありません。第五に雨中の走行は、注意を要するため程度の差はあれ身体的だけでなく精神的にも疲れるということです。雨中を走りながら、おかしな話ですが「何でこんな目に遭わないかんとかいな」などと呟いたものです。ただし雨中の走行による経験や感じたことは、雨の中でもバイクで仕事している郵便配達や新聞配達の人たちの存在を意識する一助にもなりました。「雨にも負けず」です。

後続の車はお先にどうぞ

バイクで街中を走る場合、赤信号で車が列をなして止まってもそれらの車の傍らを進んで前に行くことができます。交通が渋滞している場合、この点はバイクの利点といっていいでしょう。今回の旅ではそのようにして急ぐ必要はなかったので、信号で止まった車を抜いて前方に出るようなことはほとんどしませんでした。街中では、前の車が止まれば自分も止まるということです。走行中はバックミラーで後方を常に確認します。後ろから車が来ていないとゆったりした気分になり道路の真ん中を走ることもしばしばでした。反面、後ろから自動車やトラックがついてくるとなると気になります。片側一車線しかなく、しかも中央に黄色いラインがあってはみ出し禁止となっている道路も頻繁に通りました。私が走行しているため、後続の車はなかなか追い越せません。バックミラーを見ると、グッと車間距離を詰めて走る車もあります。こんなときは追い立てられているような嫌な気分になり、早く先に行ってほしいと思います。それで追い越させるために、道路幅が広くなっている箇所にきたらウインカーを出してスピードを落とし先に行ってもらいました。また赤信号で止まったときなどは、バイクを端に寄せて後続の車が全部通過してからスタートするようにしました。何分車はバイクより速く走る乗り物です。私は車も運転するのでドライバーの気持ちはよくわかります。前をバイクが自分の車よりゆっくり走っていると、何とか早く抜き去りたい気持ちになります。こうしたドライバーの心理に応えるために、なるべく車は先に行かせるように努めました。

トンネル内の走行

山国の日本で道路を建設、拡張するには、場所によってはトンネルを建設することになります。九州の道路には、いったいどれくらいの道路トンネルがあるのでしょうか。国土交通省の道路統計年報（二〇一九年）によって県別のトンネル数を見ると、福岡県六五本、佐賀県四四本、長崎県二〇七件、熊本県二七六本、大分県五七六本、宮崎県二四三本、鹿児島県一七五本、沖縄県四一本、合計一六二七本となっています。九州の中では大分県が圧倒的に多いことがわかります。今回の旅では数えてはいませんが、トンネルを何度も通過しました。特に山間部の道路ではトンネルが多いです。私が走行した大分県の三二六号線には日向越えの長い峠があり、この部分には何本ものトンネルが掘られています。短いものは九七ｍの内山トンネル、長いものは三国トンネルで延長一一七六ｍあります。真っすぐなトンネルもあればカーブしているものもあります。

ところでバイクでトンネルを通過する際、短いトンネルはほとんど問題ありませんが、長い距離のトンネルは嫌なものです。第一に入口に入ると周りが急に暗くなり視界が非常に悪くなるということです。トンネルによっては真っ暗な中に突っ込む感じになります。

第二に視界に入るのは薄暗いトンネル内の道と両サイドの壁だけとなり、スピード感が鈍ってきます。速度を上げても下げても同じ感覚になります。第三にトンネル内は空気がよどんでいるせいか、入ったとたん生暖かい風を感じます。いわゆるムッとする感じです。こんなことは車で走っている場合ほとんど感じません。私は早くトンネルから出たいと思うがゆえに、多くの場合スピードを上げて通過するようにしました。トンネルを通過してまた元の状態に戻るとホッとします。とはいえこうした山間部にもトンネルが掘られ道路が整備されているからこそ、車やバイクも便利な走行ができるわけであり、この点は有難いと思わないといけません。

新型コロナ禍での旅

新型コロナウイルスが、二〇一九年一二月に中国の武漢で最初に確認されてから約三年が経ちました。この間このウイルスは全世界に蔓延し、人びとの暮らしや経済に甚大な被害をもたらしました。二〇二〇年一月に日本で最初に新型コロナ患者が報告されて以来、国内の感染者は二〇二二年一一月現在二四〇〇万人を突破し死者も四・八万人を超えました。沖縄を除く九州七県の感染者数は、私が出発した本年五月九日が三九四〇人、旅の最終日五月二三日が二五四六人でした。この間、感染者数が六〇〇〇人を超えた日が一日、五〇〇〇人台が六日、四〇〇〇人台が四日、三〇〇〇人台が二日、二〇〇〇人台が二日となっています。若干数の増減を経て少しずつ減少に向かっているようですが、依然としてコロナ感染が流行している状況であったといっていいでしょう。私はこうした状況の中で旅をしたわけであり、当然のことながら注意が必要でした。そこで旅の途中、ホテルやレストラン、温泉施設その他で気付いたコロナ対策をまとめてみることにしました。だいたい以下のようになります。

私が利用したホテルは、例外なく入口に消毒液が置いてありました。またその多くは体温測定の器具も設置して、チェックイン時に協力を求めていました。なかには利用者に対してコロナ感染防止への協力願いが表示してあるところもありました。その具体的内容を見ていくと、宿泊客に対しては「入館するときは体温を測定する」「アルコールで手指の消毒をする」「部屋を出るときはマスクを着用する」「体調不良時は外出を控えフロントに知らせる」「ソーシャルディスタンスをとる」「支払いはキャッシュレスにする」「朝食レストラン利用時は手袋・マスクを着用する」「トイレの後はフタを占めてから水を流す」

などがありました。以上のうち、私は部屋を出るときにマスクを着用するのを忘れ、途中で気が付いて慌てて取りに戻ったことが何度かありました。さらにホテルによっては、「発熱・咳・咽頭痛や倦怠感などの症状がある方はお申し出ください」といったように体調不良の具体例を上げているもの、「複数名でお越しの際は代表の方がチェックインの手続きをお願いします」「若者の団体旅行、重症化しやすい高齢者の団体旅行、大人数の宴会を伴う旅行はお控え頂きますようお願いします」など、チェックインの方法や団体旅行の在り方についての協力願いも見られました。またあるホテルでは従業員に対して、「宿泊客本人の確認」「レストランや大浴場の利用人数の制限」「共有スペースの定期的な消毒・換気」「マスク着用の義務付け」「手洗いうがいの徹底」「出勤前の検温の徹底」など、ホテル側のコロナ対策への心得みたいなものも見られました。なかでも朝食はバイキング方式がほとんどでしたが、食べ物をトレイに取る際はポリエチレンの手袋をはめるようになっていました。この点は、初めての経験でしたが感染防止に有効な方法だと思いました。

一方レストランの場合、やはり消毒液は必須で多くは体温測定も実施していました。体温測定は、指定された枠内に顔を近づけるだけで瞬時に結果が出るので便利になりました。あるレストランでは、「体温測定と手の消毒をして入店してください」「大きな声での会話は控えてください」「お酌、グラスなどの飲み回しはご遠慮ください」「食事中以外はマスク着用にご協力ください」「発熱や風邪の症状がある場合は入店をお控えください」などが表示されていました。またほとんどのレストランでは、従業員の方が客の食事が済んだ後食器を片付けると共に、テーブルを消毒して丁寧に拭いていました。さらにコロナの感染者が出た場合、濃厚接触者の把握をするために入店時に名前と電話番号を記入するよう要請しているレストランもありました。その他、ある温泉センターでは大きな文字で「黙浴」と書いた紙が貼ってありました。要するに、「人と会話せずに入浴してください」との要請です。コロナ禍では「黙」は大事です。ということで旅行関連業者のコロナ対策を肌で感じた旅となりました。私は高齢者でもあり旅行中コロナに感染することがあってはならないと思い、打ち出されたコロナ対策に協力すると共に個人的にはホテルの部屋に入ったらまず手を洗いうがいをすることを心がけました。結果的に、無事に旅を終えることができて何よりでした。

宿泊と食事について

旅をするに当たって、宿泊と食事をどうするかは重要なポイントといっていいでしょう。まず宿泊の件ですが、私の場合日頃ベッドで寝ていることもあって今回の旅で利用したのはすべてホテルでした。旅館に一人で泊まることは最近ではほとんどありません。というのも旅館の和室は広いのでゆっくりくつろげるようですが、就寝するときどういうわけか夜中にたびたび目が覚めてゆっくり休めなかったという経験を過去に何度もしたからです。その点ホテルの部屋はベッドの他机や椅子、テレビ、冷蔵庫が置かれていて狭いですが、私にはこのコンパクトな空間が性に合っているようです。

さて旅行中のホテルの確保についてですが、一四泊したうちの二泊は友人と親戚の自宅にそれぞれ泊めてもらったので、残り一二泊について述べます。今回のバイクでの旅は大まかな計画は立てましたが、あらかじめ何日にどこに行って何をするとかきちんと決めていたわけではありません。旅行期日も走行ルートも途中で自由に変えることが可能な旅でした。したがってホテルの予約も出発前には一切していません。その場その場で決めていけばいいと考えていました。結果として、ホテルの予約は宿泊前日にしたのが六件、当日が三件、予約なしの飛び込みでの宿泊が三件でした。旅に出る前に、コロナ禍と連休明けということもあって、ホテルの空き部屋は多いのではないかと予想していましたが、実際その通りでした。すべて一度の電話で予約できました。泊まったホテルの内、「駅前」と名が付くホテルが七カ所と最多でした。駅前ですと、探しやすいことの他に便利な場所にあるという利点があります。この場合、目的の街に入るとまずＪＲの駅を目指しました。街の中心部に近づくと駅の方向を示す道路標識があることもありましたが、わからないときは地元の人に聞けば教えてくれます。駅に着くとホテルはすぐ近くですのでほどなく見つかります。駅前のホテル七カ所のうち五カ所は「東横イン」でした。私はこのホテルの会員になっているので、今回も多く利用しました。現在では会員カードをフロントで提出すれば、それがそのまま部屋のドアを開けるときと室内の電気を使うときのカードにしてくれます。もちろん会員の場合は料金が割引となります。ホテル探しにはスマホを利用しましたが、その便利さには大いに感心しました。こんな時代になろうとは想像もしていませんでした。

次に旅の楽しみの一つに食事が上げられます。一泊二食付きの旅館や民宿の場合はそこで出される食事をしますが、ホテルの場合はたいてい朝食のみが付いていて夕食は外で済ませることになります。今回の旅では外食が九回、ホテル内が二回、弁当が一回でした。ホテルに着くと夕食をどこでとるか、あらかじめ近くを見て回ったこともあれば、時間の余裕を持って食事に出かけたりしました。大分や宮崎、鹿児島の各駅の構内には、レストランはたくさんあって不自由しませんでした。長崎では中華街、佐賀ではかつて利用したことがある居酒屋と、前もって決めていたところもありました。近くに適当なレストランがなかった場合はホテル内で済ませました。

朝食をとったのは、ホテルが一〇回、コンビニで購入したパン類で済ませたのが二回でした。近頃は無料で朝食を提供するホテルが多くなりました。ほとんどがバイキング方式で御飯もパンもあって自由に選ぶことができます。さらにコーヒーのサービスも付いています。コロナ禍で朝食会場の人数制限をするため、弁当用のパックに詰めて部屋で食べてもいいようにしているホテルもありました。旅先での朝と晩の食事は以上の通りです。

最後に昼食についてですが、この方は昼近くになってから食事ができるところを探しました。たいていはそれほど時間がかからずに見つかりました。具体的には、道の駅やショッピングセンター、デパート、駅構内のレストラン、道路沿いのラーメン店やピザ店などです。あるときはスーパー内の椅子に座ってサンドイッチと牛乳で済ませたこともありました。話は飛びますが、私はかつて海外研修セミナーで学生たちを連れてアメリカ合衆国を車で回ったことがあります。この国の領土は広大で街と街の間は延々と道が続いています。昼頃になって昼食をとろうとしても近くに食べるところがあるとは限りません。ファストフード店も何もないというところが結構あったように思います。ですからその日出発する前に、ガソリンスタンドで燃料を満タンにしておくことと、各自昼食用の食べ物を購入しておくことが欠かせませんでした。昼食は適当な場所に車を止めて車内で食べてもいいわけです。その点、日本は狭いのでツーリング中に昼食をとるのはそれほど困難なことではなく有難いことと思います。

旅を終えて

今回のバイクの旅でかかった日数は一五日間、走行距離は合計で一三六三kmでした。福岡から本州に向かって走るとしたら、東京までが約一〇八四kmですからここを通り越して、福島市の少し手前まで行ったことになります。旅の前半は雨にたたられましたが後半は天気に恵まれました。雨の日は大変でしたが、晴れた日は快適でした。

昔と違って、道路わきには道の駅という一般道のパーキングエリアがあちこちにできており､食事はもちろん買い物も休憩もできて大変便利でした。今まで行ったことがない数々の街や観光地を訪問して、それぞれ思い出もつくることができました。ただ一カ所、宮崎県の都井岬では灯台のある岬まで行くことなく、また野生の馬を十分見ることなく短時間で去らざるを得なかったことについては少し悔いが残っています。

一方以前行ったことがある街や神社、公園、城、ＪＲの駅、勤務経験がある大学などを再訪して、懐かしさを感じると共にその変貌を確認することもできました。長い年月の流れ「光陰矢の如し」を実感しました。また訪問先で計七回温泉に入りました。およそ二日に一回の割合です。九州には温泉がたくさんあって旅人の心身を癒してくれます。これも有難いことでした。通過した道路はすべて舗装されていました。ただし舗装道路でも表面が平らな箇所ばかりとは限りません。所々小さなデコボコがあったり段差があったりします。この上を走ると私のバイクではもろに揺れてからだに響きます。マンホールの蓋の上を通っても同じです。もう少しショックの少ない乗り心地のいいバイクであれば、実際の疲労度も小さかったのではないかと思いました。

旅行中のことでしたが、五月一四日（土）早朝寝床の中でＮＨＫの「ラジオ深夜便」という番組を聞いていたら、不便益についての話が取り上げられていました。私は不便益の研究が行われていることをこのとき初めて知った次第です。不便益とは不便であるからこそ得られる効用や利益のことといい、手間をかけるシステムのデザインの話などもあって非常に興味深い内容でした。私はこの話を聞いて、私のバイクによる九州一周の旅も不便益の事例に当たるのではないかと思いました。なぜなら車で旅をすれば便利なところを、バイクの旅であれば不便と考えられる点が幾つかあるからです。例えば、「移動するのに時間がかかる」「高速道路は走れない」「雨が降れば濡れる」「車体の振動でからだも疲れる」「車の追い越しに気を使う」などです。なかでも既に述べたように、雨天時のツーリングは悲惨なものです。しかしこうした不便な状況下にあっても、「天気がいいと爽やかな風を受けて快適なツーリングが楽しめる」「小回りがきくので道を間違えてもすぐ修正できる」「駐車も難なくできる」「地元の人に道を尋ねてコミュニケーションが容易にできる」「有料道路やフェリーの料金が安い」「燃料代が安い」などの利点があるではないかと考えました。不便益についていろいろ思いを巡らせましたが、結論として、要するに車の旅と比較するから不便益の旅となるのであって、比較などせず不便を不便と思わずにバイクの旅を楽しめば良いのであり、その心意気こそが大切ではないかということです。

私が九州一周バイクの旅を終えたことに対して、家族や友人、テニス仲間の人たちから「凄い」「よくやった」「大変でしたね」など、称賛やねぎらいの言葉をかけてもらいました。車で九州一周したところで人はさほど注目しません。それは便利益の旅だからです。やはりバイクでの旅は車より不便ですから一般論では不便益の旅となるでしょう。これが自転車での旅となるともっと不便ですから、人びとからの注目度は格段に上がるはずです。不便度が増せば増すほど注目度が高くなります。世間の評価とはそんなものです。

八三歳でヨットによる六九日間・八五〇〇㎞の単独無寄港太平洋横断を成功させた堀江謙一さん、自転車で一〇年かけて世界一五〇カ国・一三万㎞の旅をした周藤卓也さんなどは、冒険家として最高度の評価を得ています。普通の人ではとても不可能なことをこの二人はやり遂げたからです。私の場合は世間の評価とはまったく関係なく、純粋に七〇代高齢者の生き方の一モデルとして、九州一周バイクの旅にチャレンジしたまでです。今は無事に旅を終えて良かったと思っています。

第３章

長寿社会における健康づくり

いつまでもお元気で（2017 年世界マスターズ大会）

長生きは良いことか

一九四七年、戦後初めて日本人の平均寿命の調査が行われました。それによると、男性が五〇・一歳、女性が五四・〇歳と初めて男女とも五〇歳を超えました。戦時中の一九四一（昭和一六）年につくられた文部省唱歌の一つに「船頭さん」という歌がありま す。高齢者の方ならたいていご存知のことと思います。その歌の一番の歌詞の中に、「村の渡しの船頭さんは今年六〇のお爺さん」という文言が出てきます。当時、平均寿命を超えた六〇歳の人をお爺さんと呼んでもちっともおかしくはなかったわけです。しかし現在はどうでしょうか。六〇歳の人をお爺さんと呼ぶのは、ちょっと失礼にあたるのではないでしょうか。六〇歳はまだまだ働き盛りの年齢です。二〇二一年に実施された最新の調査によると、平均寿命は男性が八一・五歳、女性が八七・六歳となっています。これは現在の大人が八〇歳以上生きること意味するものではありませんが、一九四七年当時から七四年経った現在、男性は三一・四歳、女性は三三・六歳と男女とも三〇年以上も平均寿命が伸びているのです。「船頭さん」の歌詞にある「今年六〇のお爺さん」は「今年八〇のお爺さん」くらいに書き直さないといけません。

戦後しばらくは「人生五〇年」といわれていましたが、その後日本人の寿命は延び続け現在は「人生八〇年」の時代となりました。私はこの「人生八〇年」という表現は現実に合致したものと思いますが、最近は「人生一〇〇年」という言葉が登場するようになりました。マスコミにもある複数の書籍の中でも使用されています。確かに一〇〇歳まで生きる人は増加してきました。一九六三年には僅か一五三人しかいませんでしたが、一九八一年に一〇〇〇人を超え一九九八年には一万人を突破、二〇〇七年三万二二九五人、二〇一二年五万一三七六人、二〇二二年現在は九万五二六人と、右肩上がりで五二年連続して一〇〇歳人口は増加しています。男女別で見ると、女性が圧倒的に多く八八・六%を占めています。その主役は女性であって男性ではありません。一〇〇歳人口が増加してきたといっても、総人口一億二五五〇万人に占める割合は僅か〇・〇七%に過ぎません。この現状を踏まえると、「人生一〇〇年」時代の到来というのはちょっと早すぎる話ではないでしょうか。確かに、日本人が一〇〇歳まで生きる可能性は年々高まってはいますが、一〇〇歳という年齢はあくまでも長生きの目標として捉えるべきではないかと私は考えます。

統計上、六五歳以上の人を高齢者、全人口に占める高齢者の割合を高齢化率と呼んでいますが、日本は高齢化率が一九七〇年に七％を超えて高齢化社会へ突入しました。その後も高齢化率は伸び続けて、一九九五年に一四％を超えて高齢社会となり、そして二〇一〇年には二一％を超えて超高齢社会になっています。現在、高齢者数は三六二七万人、高齢化率は二九・一％となり過去最多を更新しました。人口の高齢化は今後も進むと予測されており、日本は今や長寿国のトップを走り続けているのです。

ところで、人間は何歳まで生きられるのでしょうか。日本で確認されている長寿記録は一二〇歳と二三七日であり、この記録をつくったのは泉重千代（一八六五〜一九八六）という方で徳之島出身の男性です。焼酎が好きで一〇五歳まで働いたそうです。ところが、この長寿記録は一一年後の一九九七年にフランスのジャンヌ・カルマン（一八七五〜一九九七）という女性によって破られることになりました。彼女は八五歳からフェンシングを始めたという元気者で、一二二歳と一六四日の長寿をまっとうし、世界の長寿記録保持者としてギネスブックに認定されています。その他一一〇歳台まで生存した人は、日本でも世界でもたくさん報告されています。つい最近、世界最高齢であった田中カ子（一九〇三〜二〇二二、カ子はかねと読む）という日本女性が一一九歳と一〇七日の天寿をまっとうしたことがニュースになっていました。ともあれ、これらの事例から人間は一二〇歳前後までは生存可能であることが証明されているわけです。

そこで人間の生存の可能性についてですが、現代の医学では病気やケガをせずに生きるとしたら、だいたい一二五歳が限界であろうといわれています。いわゆる「人生一二五歳説」です。これは動物の成長と寿命を観察した結果から出てきた説ということです。この点に関して、幕末維新期に活躍した政治家で総理大臣を務め、早稲田大学の創設者としても知られる大隈重信も、人間は二五歳で成熟するとすればその五倍生存するという立場から、この「人生一二五歳説」を支持しています。世界では、目下のところ一二二歳までの生存が確認されていますが、将来は一二五歳の誕生日を迎える人が現れるかもしれません。

多くの人が長生きできるようになってきたことは、経済や年金、介護、医療など社会保障の面で課題を抱えることになるとはいえ、第一義的には喜ばしいことといっていいでしょう。問題は、長生きした人生の中身にあると思います。長生きするにしても、病気がちであったり、寝たきりになったり、人さまの介護が必要になったり、はたまた認知症になったりして生きていくことは何としても避けたいものです。

定年を迎えるということ

労働者が、一定の年齢に達すると自動的に雇用関係が終了する制度を定年制といいます。一般の会社員や公務員などにはこの制度が適用されます。もちろん、自営業や自由業に携わる人たちに定年はありません。日本では、従来多くの企業においては五五歳が定年退職の年でした。高齢者の雇用を促す法律の一つに、「高齢者雇用安定法」というのがあります。一九九四年の改正で六〇歳未満の定年が禁止された結果、現在は六〇歳が一般の定年退職の年となっています。二〇一三年の改正によると、再雇用または退職年齢の引き上げが義務付けされました。その結果、六五歳までの雇用が実現することになったわけです。目下のところ、公的年金の支給開始年齢の引き上げや労働力不足などの背景もあって、六五歳を定年とする方向へ移行しつつあります。さらに二〇二一年の改正では、六五歳定年を義務化すると共に七〇歳までの定年延長が努力義務として定められました。このように定年退職する年齢は、高齢者の雇用を確保する措置が取られてきたことにより、どんどん引き上げられる方向へ進んできました。六〇歳を過ぎても、元気で働く意欲のある人は世の中にはたくさんいます。実際二〇二一年の総務省の労働力調査によると、六五～六九歳の就業率は五〇・三％でした。六〇代後半の二人に一人は働いている計算になります。企業が定年制そのものを廃止したり、継続雇用制を導入したり、また一度退職して再雇用という形式を採用するなどして、労働者が以前より長く働けるようになったことは歓迎すべきことと思います。

さて定年を迎えるとなると、多くの人はこれまで得ていた収入がなくなり年金だけの生活が始まります。老後の生活への不安を感じる人も出てくるでしょう。また仕事を通じて積み上げてきた社会との結びつきもなくなり、一緒に働いてきた職場の人たちとの別れがあるなど、寂しい気持ちになったりするかもしれません。仕事が生き甲斐であったという人なら、定年を境にその生き甲斐がなくなるわけですから、悲嘆に暮れてもおかしくありません。定年とは、これまでの生活が一変する人生の大きなターニングポイントといえます。しかし、その意味は考え方によって大きく変わってきます。定年後というのは、これまでの仕事に関わる義務や束縛から解放されて自由に生きていくことができる期間となります。平均寿命が延びてきた現代にあっては、定年後およそ一〇〜二〇年、人によってはもっと長い年月を生きることになります。この期間をどのように過ごすかはまったく個人の自由ですし、今までとは違った生活が待っているのです。定年後も、もうしばらくは働きたいという人は何かの仕事を探して働くのもいいでしょう。働く方法も、フルタイムではなく嘱託やパートでの労働も考えられます。

一方、定年後はそれこそ毎日が日曜日ですから、自分のやりたいことが自由にやれるわけです。何かの習い事に通ったり、海外旅行をしたり、何らかの趣味活動に力をそそいだりするなど、自由時間はたっぷりあるわけですから、「健康」と「やる気」と「お金」があれば、いろんなことにチャレンジすることも可能となります。したがって定年まで無事に勤務することができて、自由な「第二の人生」を迎えるということは有難いことではないでしょうか。

定年後の生活といえば、人は年齢を重ねるにつれて体力は衰え、身体機能も低下してきます。この点は防ぎようがありません。近年、健康寿命という言葉が注目されるようになりました。健康寿命とは、生涯のうち健康で自立した生活ができた年数のことを指します。病気やケガで入院したり、介護の世話になったりした年数は省かれます。二〇二一年現在、日本人の健康寿命は男性七二・六歳、女性七五・五歳です。平均寿命に比べて、男性は八・九歳、女性は一二・一歳短くなっています。人生の終末を迎えるに当たっては、「ピンピンコロリ」がいいと誰もが思っています。健康寿命と平均寿命が一致すれば、個人としては理想といえるでしょう。定年後の人生を豊かなものにしていくには、まずは各自が健康寿命と平均寿命の差がなるべく小さくなるように、いろいろと健康の維持増進に努めていくことが大切になります。

健康をどう捉えるか

そこで次に、健康の意味について考えてみたいと思います。健康の捉え方は、古くはからだに病気や不調がないかどうかが判断の分かれ目となり、それは身体概念として理解されていました。身体的健康が重視されていたのです。やがて、健康には心の側面も関係があるとの認識に至り、それは心身概念として把握されるようになりました。そして戦後は、WHO（世界保健機関）の定義が世界的にも普及して最も知られるところとなりました。それは、健康は身体的側面だけでなく精神的側面や社会的側面も含めて捉えるべきであるとの考えに依拠しています。一九四六年に、ニューヨークで開催された国際保健会議で採択されたWHOの世界保健憲章には、「健康とは、身体的、精神的および社会的に完全に良好な状態であって、単に疾病または病弱が存在しないということだけではない」というように健康の定義が書かれています。ここでは、健康の概念に社会的に良好な状態を含めた点で、かつての身体概念や心身概念から一歩踏み込んだ定義となっています。人間は社会を形成して生活を営む以上、他者との人間関係やその社会における個人の役割などをめぐる社会的課題を克服していかなくてはなりませんが、これは健康問題とも関係すると考えられました。

私たちが健康とは何かと問う場合は、すぐにＷＨＯの定義が浮かんできます。しかしながら、健康の捉え方も近年は随分変わったものが出てきました。例えば、「健康とは人間が個人的ならびに社会的関係において最もより多く生活し、最もよりよく奉仕しうる至適な機能を発揮できるような状態である」（米、ウイリアムズ）、「各人が自分のためにつくった目標に到達する一番適した状態」（仏、デュボス）、「役割と家業を遂行しうる能力の最適状態」（米、パーソンズ）といった定義が提示されてきました。これらは、一見してＷＨＯの定義とは異なることがわかります。このように、現在では健康を人生や社会、生活との関係で捉えようとする傾向が出てきました。すなわち、健康は生活概念として捉えられるようになったのです。となると、ＷＨＯの健康の定義は再検討を要するということになります。事実この定義には、身体的、精神的に障害がある人たちが健康の枠から抜け落ちる恐れがあると指摘されてきました。身体に障害があっても、車いすバスケットボールや車いすマラソン、その他障害者スポーツといわれる種目を実施している人たち、あるいは知的障害者のスポーツ大会であるスペシャルオリンピックスに参加している人たちを健康と見るのに異論はないでしょう。つまり、障害の有無は健康とは無関係なのです。

私は、健康を語る上で問題となるのは「人生への取り組み」、「意欲」、「生きざま」がどうなのかということにあると考えます。多少身体的に病を抱えていてもあるいは体調不良であっても、各人の置かれた環境にうまく適応し社会における役割をしっかり果たしている人、スポーツやボランティア活動、その他の活動に意欲的に取り組んでいる人、人生に果敢に挑戦している人などは健康な人として捉えていいと思います。逆に五体満足でかつ身体的にも問題はないとしても、やる気のない人、人生の目標もなくブラブラしている人などは決して健康な人と呼ぶことはできません。

人は病気したり風邪をひいたりして苦しい思いをしたとき、あるいはからだのどこかに痛みがあったりしたときに健康の有難さを感じるものです。実態としては、健康であるか否かはからだに病気や不調がなく元気であるかどうかということが第一義的に重視されます。ひらたくいえば、身体的に愁訴や痛みがなく、食事が美味しく食べられて夜はグッスり眠ることができ排便もきちんとあるという状態を有難く感じるものです。いわゆる、「快食」「快眠」「快便」です。しかし人間は、それだけで生きる価値があるとは思いません。基本的にはまず健康で長生きすることですが、これからの健康の捉え方は、私は自分に課せられた仕事や与えられた役割、人生に対して「意欲的」であるかどうか、「やる気」があるかどうかということが大きなポイントになると考えます。この点を踏まえた上で、長い人生をどのように過ごしてきたか、仕事でも趣味活動でもボランティア活動でも意欲的に取り組み、何を成し得たかが人生の意義を左右するといっていいでしょう。

健康のための生活習慣

健康づくりには、習慣としての生活の仕方が関係することはいうまでもありません。生活習慣が健康度や死亡率に及ぼす影響については、カルフォルニア大学ロサンゼルス校（UCLA）のブレスロー（Breslow,L.）らが行った有名な研究があります。ここで設定された健康のための生活習慣とは、①定期的に何かの運動をすること、②喫煙しないこと、③酒は飲まないかまたは適度に飲むこと、④適正な体重を維持すること、⑤睡眠は毎晩七～

八時間とること、⑥朝食をとること、⑦間食をしないことの七つです。これらの生活習慣というのは、どれを取っても健康の維持向上にとって良いことといえます。したがって、これらの生活習慣を実行している人とそうでない人とでは、健康度に差があることが当然予測されます。

研究のための調査は、カルフォルニア州の二〇歳以上の住民六九二八人を対象に、一九六五年から一九七四年の一〇年間にわたって実施されました。得られたデータを用いて、対象者を二〇歳から五歳ごとに八〇歳まで区分し、年歳別に生活習慣の実施数と健康度の関連を分析しています。その結果、まず全体的にいえることは、対象者は年齢が上がっていくにつれて健康度は明らかに低くなるということです。そして生活習慣を「〇〜二つ」しか実施していない人は、どの年歳においても最も健康度は低い傾向を示しています。特に六〇歳では最も不健康となっています。逆に「七つ」すべてを実行している人は、どの年齢においても対象者の中で健康度は最も高くなっています。以下、生活習慣の実施数が「六つ」、「五つ」、「四つ」、「三つ」と少なくなるにつれて順に健康度は低くなっていることがわかります。つまり、健康的な生活習慣を実施している人ほど健康度が高く、実施していない人ほど健康度は低いということです。運動はまったくせず、酒は習慣としてかなり飲む、タバコも毎日一箱は吸う、食事も睡眠も不規則といった生活をずっと続けるとしたら、やがて健康に悪い影響が出ることは容易に想像できます。

またブレスローらは、対象者を七つの生活習慣のうち「六～七つ」実行している人を高実施群、「三つ以下」しか実施していない人を低実施群に分けて、死亡率についての比較を行いました。その結果、低実施群は高実施群より男性は約三倍、女性は約二倍の割合で死亡率が高かったことを報告しています。生活習慣と健康度および死亡率の関係についての研究は、当然の結果が出ただけではないかといえばそのとおりです。しかし当然予想されることでも、きちんと実証するところに学問や科学の意義はあると思います。ブレスローらの研究は、多少大雑把な分析との印象を受けるのですが、健康づくりのために何かを実行しようとする人びとにとっては確かなエビデンスとなるのではないでしょうか。また生活習慣の七項目は、例えば該当するものが「三つ以下」の場合を「要注意」にするなどして健康生活のためのチェックリストとして利用してもいいと思われます。

認知症はどうやって防ぐか

高齢になって健康で生き生きした生活を送る上で、大切なことの一つに認知症にならないためには何をしたらいいかという問題があります。結論から先にいいますと、脳の活性化つまり脳に刺激を与え続けることです。人間は脳にダメージを受けたらおしまいとなります。脳は使っていかないと衰えるのです。認知症の研究で有名な脳外科医の金子満雄さんは、約二万七〇〇〇人の診療実績から認知症の早期発見、早期治療を提唱しました。金子さんには、『浜松方式でボケは防げる治せる』（講談社、一九九五年）、『生き方を変えればボケは必ず治る！』（海竜社、二〇〇三年）、角川文庫の『生き方のツケがボケに出る』（二〇〇一年）、『親がボケれば子もボケる』（二〇〇三年）、『ボケてたまるか！』（二〇〇三年）、『ボケからの脱出』（二〇〇四年）など、認知症についての著書が数冊あります。私はこれらの著書から、人間はどうやって認知症になっていくのかそのメカニズムや認知症をどうやって防止していくか、病気が始まった場合の治療法などを学ぶことができました。

認知症は、脳の機能に支障が生じた場合に起きます。人間の脳は左脳と右脳に分けられ、左脳は知識、言語、計算、論理的思考、マニュアルな作業などを処理します。わかりやすくいえば勉強や仕事をするための脳です。一方右脳は、感性、情動、意欲、ひらめき、イメージなどの活動をつかさどっており、いわば楽しみや遊びのための脳です。そして認知症を防止するには特に右脳の働きを活性化させることが大切と説かれています。そのためゲームやスポーツをしたり、音楽を聴いたり楽器を演奏したり、歌を歌ったり、絵画や芸術作品を鑑賞したり、みんなで楽しむこと、何か新しいことを考えたり創作したり、ユーモアの精神、遊び心を持つことなどが大切となります。仕事一辺倒の人、趣味のない人などは、高齢期には認知症になりやすいということになります。ですから、私もスポーツや運動をすることと共に頭を使っていくことを非常に重視しています。

スポーツや運動は、からだのためばかりでなく脳の活性化にも役立っているのです。京都大学名誉教授の大島清さんは、『歩くとなぜいいか？』（ＰＨＰ文庫、二〇〇七年）という本の中で、人間の足と脳は直結しており、足の大きな筋肉（大腿筋）が動けば神経組織を通じて大きな刺激が脳に届き、脳が活発に活動するということを指摘しています。つまり、ウォーキングをすることでも脳は若返るのです。スポーツや運動が苦手という人は、せっせとウォーキングをすることでもいいわけですから、この点は大変な救いといえます。

それでもスポーツや運動はしたくない、ウォーキングも嫌いだという人は、何かのスポーツに興味を持ちファンになって応援することを勧めます。勝ち負けがあるゲームの世界に、自分を投入することです。プロ野球でもサッカーのＪリーグでも、応援に熱狂することも脳の活性化につながるのです。最近のＪリーグの試合をテレビで見ていると、たくさんの熱狂的なサポーターが会場に詰めかけています。競技場に足を運べない人はテレビで観戦し、ひいきのチームを熱心に応援するのです。オリンピックとかサッカーのワールドカップなどの試合を、みんなで観戦するパブリックビューイングというのがありますが、これはまさにみんなで日本代表を応援するところに意義があります。高校野球の試合でも、母校の体育館に設置された大型スクリーンを見ながら教師や生徒、保護者さらに地元の人たちも一緒になって応援し、感動体験をすることは脳の活性化の面でたいへん有意義なことです。感動しやすい人は認知症になりにくいといいます。定年後の生活は人それぞれで個人差があるものですが、認知症にならないための工夫を怠らないようにしたいものです。

年は取っても若大将

若大将といえば、たいていの年配の方なら誰のことかわかるのではないでしょうか。そうです加山雄三さんです。私も学生時代に、彼の主演映画「若大将シリーズ」をよく見に行ったものです。加山さんは一九三七年生まれで今年八五歳になり、男性の平均寿命を突破しています。述べるまでもなく、彼は才能豊かなタレントで歌手や俳優として活躍し、作曲家、ギタリスト、ピアニスト、ウクレレ奏者といわれる音楽家でもあります。またスポーツも万能で、スキーでは国体出場の経験もあります。その他画家でもあり料理も得意で、二〇一四年に旭日小綬章を受章し二〇二一年には文化功労者として表彰されています。実に素晴らしいキャリアの持ち主で羨ましい限りです。

さて彼は、二〇一四年には七七歳の喜寿を迎えています。この年、四七都道府県五三カ所で「若大将 EXPO～夢に向かっていま～」の全国コンサートツアーが開始されました。私も福岡で行われたコンサートを見に行きました。普通コンサートでは、ステージの緞帳は開演まで下りたままですが、珍しいことにこのときは始めから緞帳はずっと上がったままでした。それはともかく、開演のブザーが鳴りいよいよ若大将の登場です。オープニングは「光進丸」という歌でしたが、これに数々のヒット曲が続き、途中でエレキギターの演奏が入るやらトークが入るやらして、大変盛り上がったステージでした。

このときの彼のステージ上の姿には、後期高齢者とはとても思えない、お年寄りとかの雰囲気がまるでなかったことに私は大きな衝撃を受けました。どうして七七歳にして歌声にも張りがあり、こんなにエネルギッシュで若々しく振舞えるのかということです。客席からも、「よぉー若大将」とかけ声が飛びました。これを聞いた若大将は、「ありがとーう、こういうお声がかかると僕も嬉しくて頑張ろうという気持ちになりまーす」と返していました。いやはや、私にとってはすごく印象に残ったコンサートでした。おそらく彼は、ずっと以前から健康に注意しからだのトレーニングを怠らず、このことを継続してきた結果がこの日のステージに現れていたと思います。歌を歌うことや手の指を使ってギターやピアノを弾くことは、ボケ防止にも役立つことは広く知られています。またシンガーソングライターとして自ら作曲をするなどの創作的活動は、脳の活性化にもつながることです。彼の仕事そのものの生き方そのものが、老化を防止し健康維持につながってきたと考えられます。

八〇歳を過ぎてから、二〇一八年に愛艇「光進丸」の焼失、二〇一九年にはトレーニング中の腰の圧迫骨折、軽い脳梗塞の発症、二〇二〇年の脳内出血の発症など、数々の試練に見舞われながらも奇跡的に復活を遂げてきました。二〇二二年九月六日、KBCテレビで放送された黒柳徹子さん司会の「徹子の部屋」という番組に、加山さんは夫妻で出演し元気な姿を見せていました。そして、三日後の九月九日には「加山雄三ラストショー〜永遠の若大将〜」が東京国際フォーラムホールで開催されました。これが最後の公演ということでした。加山さんのこれまでの人生は、永遠の若大将と呼ばれるにふさわしい生き方であったといっていいでしょう。

スポーツを生活化しよう

健康・体力の維持向上を図るための一つの方法として、スポーツを実施していくことが上げられます。現在は生涯スポーツの時代です。スポーツは本質的に遊戯性と競争性を有する身体活動ですが、生涯スポーツ論の立場からいえば競争性のないさまざまな運動もスポーツのカテゴリーの中に含めていいと思います。さてスポーツの継続性を問う場合、例えばゴルフ歴何年とかソフトボール歴何年とかいいますが、これは中身がハッキリしないとあてになりません。要は一年を通してどの程度その種目を実施してきたかが問題となります。年に一、二回ゴルフをやったとか年に二、三回練習試合に参加したといっても、スポーツを実施しているとはとてもいえません。では生涯スポーツとして、どの程度スポーツを実施すればいいのでしょうか。私は一〇年ほど前になりますが、「『年間一〇〇日スポーツ』運動」というのを提唱しました。仕事を持った大人の場合は、無理なく実施できる頻度として一年間に一〇〇日を基準にしたらいいと考えたのです。週に二日実施すれば一年で一〇〇日プラス四日となり目標達成です。週一日だけ週末に実施するとしても、年間五二日で目標の半分しかいきません。仕事が忙しくてスポーツをする暇がないという人がよくいますが、やる気さえあれば家の周辺でウォーキングやジョギングをしたり、家で体操などはできるはずです。スポーツは余暇時間ができたらするのではなく、生活の仕方を工夫してそのための時間をつくって行うものです。

ただし、スポーツはこれを行う人の目的によって意味や実施方法も違ってきます。レクリエーションとして楽しむのであれば、そんなにしょっちゅうしなくても週に一日とか月に一日でもいいでしょう。親善が目的なら、年二回春と秋にイベントとして実施するのもあり得ます。しかし体力を維持し向上させることを目指すなら、週二日でもちょっと足りないと思われます。やはり週三日は実施したいものです。一九九七年に保健体育審議会が出した答申の中に「体力つくりのための運動指針」というのがありますが、それには運動の基準として「一日一五～六〇分の運動を週三日以上」と明記されています。ただし高齢者となってからは、体力の向上を図るためのトレーニングというより、体力の衰えを防ぐとか筋力の低下を遅らせるためのソフトなトレーニングをお勧めします。つまりハードなトレーニングではなく無理なく続けられるように、ゆるい負荷をかけて行うことで結構です。定年後特に七〇代になってから、歯を食いしばってやるようなハードな筋トレによって、マッチョなからだづくりをしようなどとは思わないことです。

同窓会で差が明らかに

スポーツは若者の特権ではなく、中高年になってから始めてもいいですし生涯にわたって人生の伴侶としてほしいものです。しかし、スポーツは若い時分から継続して実施するに越したことはありません。スポーツを実施することによる効果はすぐには出ませんが、五年とか一〇年といった長いスパンでは継続して実施してきた人と実施してこなかった人とでは大きな差が出ます。私は佐賀大学に在職中、佐賀県が主催する「高齢者大学」という公開講座の講師を長年務めてきましたが、健康についての講和の中でよく使ったのは、「同窓会で差をつけよう」というフレーズでした。若い頃からまたは中年以降からでも結構ですが、スポーツを継続して実施してきた効果は定年後にはっきり現れます。特に七〇代の同窓会に出席すると、同窓生がお互い懐かしく話がはずむのはもちろんですが、彼らの見た目の変化に驚きを禁じ得ないこともあります。数年前になりますが、高校時代の同窓会に出席しました。なかには卒業後五〇数年ぶりに会う同窓生もいました。見るからにみごとなお爺さんになっている人もいれば、おさげ髪をして可愛かった女子高生がすっかりお婆さんになっているのです。老いることは死よりも残酷ともいいます。長生きをする以上この点は避けることはできません。一方で、男性の中にもそれほど老け込むことなく実際の年齢より相当若く見える人もいます。実に若々しい雰囲気で喋る言葉にも力強さを感じます。また女性の中にも、化粧をしているせいかもしれませんが、顔に目立ったシワがなく皮膚も艶があってとても若く見える人もいます。高齢になってからだが衰えていくのは止むを得ないことですが、これにつられて気持ちまで衰えさせることはありません。年は取っても若い気持ちを持ち続けることは可能です。このように、同窓生は昔の学校時代の容姿をお互いに知っているからこそ、過去と現在の比較ができるのです。過去と比べて健康でハツラツとしている人も年を重ねて相当弱ってきた人も、それまでのスポーツ実施を含めた長年の生活習慣の結果が現れるわけです。高齢になってからスポーツや運動を始めても遅いということはありませんが、年齢に応じた関わり方をして健康的な生活を送ってほしいものです。

私が現在参加しているテニスサークルの中にも、定年になった六〇歳からテニスを始めて八六歳になった現在でも週二日これを楽しんでいる元気なお年寄りがいます。若い頃はこれといったスポーツの経験はなかったといいます。この方は定年後の生涯スポーツの実践者として、周りの人たちから目標にされています。七〇代になってからの同窓会では、同窓生の見た目の変化がわかることの他に、クラスは違っても同じ年度に卒業したという仲間意識が回を重ねるごとに高まるようです。それはともかく、スポーツを含めた生活習慣を健康的なものにして、次回もまたその次の回も元気な状態で出席したいものです。

誰でもできる運動あれこれ

高齢になってから行うスポーツとして、水泳やボウリング、ゴルフ、テニス、卓球、バドミントンなどが比較的実施しやすい種目として考えられます。もちろん、これら以外にも現役のときからずっと継続してやってきたとか過去に経験したという種目があれば、その種目を続けていくのもいいでしょう。また、ラグビーやサッカーのような激しいスポーツであっても、やり方によっては高齢者でも楽しむことはできます。スポーツは、ある程度技術を身に付けないと楽しむことは難しいので、初心者の場合はスクールに入ってレッスンを受けて技術を身に付けていくようにしたらいいと思います。スポーツをするかしないかはあくまでも個人の自由です。スポーツは嫌いという人は無理に行うことはありません。そこで、ここでは健康のために誰でも手軽にできる運動について紹介していくことにします。

① ストレッチング

実施上のポイントとして、「関節の筋や腱を伸ばしてストレッチポジションをとる」、「反動をつけずにゆるやかに行う」、「一〇～三〇秒くらいしばらく伸ばし続ける」、「呼吸は止めずに自然にする」、「バランスのよい姿勢で行う」、「リラックスして行う」、「オールラウンドに行う」などが上げられます。ストレッチングを実施することで、「筋や腱、靭帯などの傷害を予防する」、「筋肉の緊張を低下させリラックスできる」、「からだの各部位の関節の可動域を広げる」、「スポーツによる傷害を予防する」、「からだの感覚を自己認知できる」、「血液循環の増加・改善に役立つ」、「気分爽快になれる」といった効果が期待されます。

②　ウォーキング

ウォーキング実施上の留意点として、「背筋を伸ばす」、「目は前方二〇mあたりを見る」、「かかとでおりてつま先で地面を蹴る」、「ニコニコペースで歩く」、「歩幅は少し広めにする」、「やや足早に歩く」、「ウオーキングシューズをはく」、「歩く時間は一日一五〜六〇分を目安にする」、「週三日以上行う」などが上げられますが、実施時間と頻度は各自の体力や体調に合わせて決めるといいでしょう。ウォーキングの効果としては、「脚筋力の向上」、「酸素摂取量の増加」、「安静時と運動時の心拍数の減少」、「血圧の低下」、「体脂肪の減少」、「血中脂肪濃度の低下」、「骨密度低下の抑制」などが上げられます。

③　ジョギング

ジョギングはウォーキングの延長線上にあり、運動時の一分間の心拍数が五〇歳代は一一〇〜一三〇泊、高齢期は一〇〇〜一二五泊程度の負荷で走ります。主観的な運動強度としては、「楽である」から「ややきつい」までの範囲が適しています。留意点としては、「肩の力を抜いてリラックスする」、「一定のリズムで走る」、「かかとから着地し足の裏全体で前進する」、「やや前傾姿勢をとる」、「まっすぐ前方を見る」、「肘を九〇度に曲げて胸の高さまで上げるようにする」、「ジョギングシューズをはく」、「呼吸は自然に行う」、「走る時間は一日三〇分前後を目安とする」、「週三日程度行う」などがありますが、決して無理をしないことが大切です。ジョギングの効果としては、「脚筋力の向上」、「全身持久力の向上」、「体脂肪の減少」、「基礎代謝の向上」、「生活習慣病の予防と改善」、「免疫力の向上」、「血糖値のコントロール」、「メンタル面の効果」、「傷害の予防」、「ダイエット効果」、「ストレス解消」などが上げられます。

④　筋力トレーニング

筋肉には、「骨を支える」、「からだを動かす」、「基礎代謝を上げる」、「血液の循環を良くする」、「外部の衝撃から内臓や骨を守る」などの働きがあります。筋肉量や筋力は年齢と共に低下してきます。こうした筋肉の衰えを抑制するには筋トレを実施することが有効です。

自宅でできる筋トレとしては、スクワット（膝がつま先より前に出ないようにする）、腕立て伏せ（両膝を床に着けて行っても良い）、上体起こし（腹筋は膝を曲げて行う）、つま先立ち、もも上げ（椅子に座って行っても良い）、ヒップリフト（あお向けになって膝から胸が一直線になるようにお尻を上下に動かす）、サイドレイズ（両手に二～三kgのダンベルまたは二ℓの水が入ったペットボトルを持って肩の高さまで両腕の上げ下ろしをする）、バックキック（四つん這いになり足を片方ずつ伸ばしながら後ろに高く上げる）、レッグレイズ（仰向けに寝て交互に足を床と垂直になるまで上げて戻す）などがあります。実施にあたっては、「負荷は一五〜二〇回の範囲を目安とする」、「時間は一日一〇〜三〇分」、「週一〜二回行う」、「無理をしない」、「鍛えたい部位を意識する」、「正しいフォームで行う」、「呼吸は止めない」、「力を入れるときに息を吐き抜くときに息を吸う」、「実施時間帯は朝より脳や神経が働いている午後から夕方が良い」を基準とします。その効果としては、「筋肉量を維持する」、「筋力低下を防止する」、「身体が健康になる」、「睡眠の質が向上する」、「疲労しにくくなる」、「基礎代謝が向上する」、「脳が活性化する」、「ストレス解消になる」、「自分に自信がつく」などが上げられます。

以上の他にも、身体の各部位を動かす体操というカテゴリーでくくられる運動がありま す。上体の前屈・後屈・側屈、足の屈伸、両足とび、腕の回旋・上げ下ろし、上体のひねり・そらし、足踏み、首の回旋・前屈・側屈、肩の回旋・上げ下ろし、深呼吸などいろんな種類があります。これらの運動を組み合わせたラジオ体操はよく知られています。高齢になって、転倒や寝たきり、認知症などを予防するためには、基本的にはからだを動かすことと脳の活性化を促すことです。各自の生活状況や目的に応じた運動を取り入れていくことが大切となります。運動自体も脳の活性化に効果がありますが、好みの趣味活動や何かの創作活動をしたり、人とのコミュニケーションを図るなど、脳に刺激を与えるようなことをしていくといいでしょう。もちろん、運動に限らずからだを動かすと共に頭を使うことが求められるような仕事やボランティア活動を行うのもいいと思います。

私の健康づくり

私の健康づくりは、もちろん定年後の七〇代になってから始めたのではありません。私は体育の教員として学生や人さまに生涯スポーツを勧める立場にあったものですから、自分自身スポーツや運動は若い頃から実施してきました。そうでないと、人さまにはスポーツや運動を勧めておいて自分では何もしていないというのでは、まったく説得力を欠く話になってしまいます。私は、小学校時代までは近所の仲間とよく野球をやっていました。ルールも正式でない遊びの草野球です。そして中学校では卓球、高校・大学ではバレーボールを部活動としてやっていました。教職に就いた二七歳のときから、先輩の教員から誘われてテニスを始めました。今振り返っても、テニスは実によくやってきました。たいてい年間一〇〇日以上はやっていたと思います。私が勤務した大学には、身近にスポーツ施設が整備されており、テニスコートも放課後は自由に使うことができました。この点はとても恵まれていたと思います。現在でも平均週三日は実施しており、テニス歴はかれこれ五〇年近くになります。現在七六歳ですが、この歳になってもテニスが楽しめるというのはたいへん有難いことです。

次に運動についてですが、これは現在ストレッチングと筋トレを一日おきに実施しています。ストレッチングは午前中三〇分程度行います。毎回のことですが、終わると硬くなっていたからだがほぐれてスッキリします。筋トレの方は、夕方に二〇～三〇分かけて実施します。その内容は、腹筋、背筋、スクワット、腕立て伏せ、三kgのダンベルを持っての腕の上げ下ろし、もも上げくらいですが、それぞれ実施回数を決めています。若い頃はそれなりの負荷をかけていましたが、だんだんと年を取るにつれてその実施回数は減ってきました。最近は、腹筋は二〇回、背筋は四〇回、スクワットはゆっくり二〇回、腕立て伏せは両膝を床につけて二〇回、腕の上げ下ろしは二〇回、もも上げは左右それぞれ五〇回程度行っています。どの運動にしても、あと一〇回程度はやれるのですがこの程度の負荷に抑えています。ですから、私の筋トレはそれほどきつくはありません。この「それほどきつくない程度」に行うことが長続きする秘訣と思っています。毎回きつい思いをするというのであれば、なかなか続かないものです。

この他、からだの前屈・後屈・側屈、上体ひねり、腕と首の回旋、つま先立ち、足の上げ下ろし、仰向けになっての足の曲げ伸ばしその他の体操なども、ストレッチングと筋トレの中に含めて一日おきに取り組んでいます。これらの運動を続けてかれこれ四〇年以上になります。これまで健康を損なったことはなく元気に過ごすことができているのも、多少はこうしたストレッチングや筋トレ、体操のお蔭と思っています。ただし、今年の夏のように異常に暑い日が続いてからだもグッタリするような日は、無理して行うこともないと思い運動はしばらく休みにしました。体調不良だとか疲労を感じるといった場合、ゆっくり休息することも大切なことです。あくまでも「安全第一・無理は禁物」です。

また、健康のための七つの生活習慣については先述したとおりですが、私自身は「運動をする」、「喫煙しない」、「適度な飲酒」、「適正な体重維持」、「朝食をとる」、「間食しない」の六項目を実践していて、健康的な生活習慣を守っている方だと自己評価しています。特に食事と寝起きする時間はキッチリ守っています。間食も一切しません。ただし一つだけ睡眠については、「毎晩七～八時間とる」にはまったく当てはまりません。毎日午後一一時少し前にはベッドに入り翌朝五時過ぎに起きます。ですから六時間以上はふとんの中で横になっているのですが、眠りが浅くたいてい夜中に目が覚めて朝までグッスリというわけにはいきません。その代わり日中起きているときによく眠気がするので、その際はちょっとした昼寝をします。ただし、昼寝といっても椅子に座ったままの状態で寝るので、居眠りといった方がいいかもしれません。横になって寝ると、つい寝過ぎて夜に眠れなくなると困るからです。私の場合、加齢に伴う一種の熟眠障害といっていいかと思います。睡眠が分断されており、同年代で朝までグッスリ寝られるという人が羨ましいです。それはともかく、今後とも健康の維持に努め、七〇代をいろいろチャレンジして豊かに生きるという意欲は持ち続けたいと思っています。

あとがき

漫談家の綾小路きみまろさんは、最近出した著書（『人生は七〇代で決まる』、幻冬舎新書、二〇二二年）の中で、「人生は七〇代が勝負、七〇代で決まる、なぜなら七〇代というのは多くの人にとって、おそらく元気に過ごせるラストチャンスの一〇年間だからです」といったことを述べています。私も七〇代を迎えてチャンス到来と思い、ニュージーランド留学や九州一周バイクの旅にチャレンジしました。八〇代になるまで、残された年月はあと三年と二カ月になりました。まさに月日の流れを実感します。最近、同級生や同世代の知人の訃報がポツリポツリと入るようになりました。「私もあと何年生きられることやら」と思うと、「やりたいことは今のうちにやっておこう」という気持ちになります。

そこで今後のことですが、コロナ禍が収束したらもう一度ニュージーランドに行って、留学中にお世話になった人たちとの再会や懐かしい場所や施設の再訪問を実現したいと思っています。またバイクの旅はこれからも続ける予定です。さしあたり来年の夏には、避暑を兼ねて北海道をツーリングするのもいいかなと考えています。北海道には知人もいますし、新しくできる日本ハムファイターズの本拠地「エスコンフィールド北海道」で野球観戦するのも楽しみです。私は野球観戦が好きで、これまでプロ野球一二球団の本拠地球場すべてに足を運んできました。日本ハムの新球場を訪問すれば、一二球団の球場制覇は継続することになります。あとプロ野球の春のキャンプ巡りも、実現したいチャレンジの一つです。これまでに八球団は見学済みですが、まだ楽天、ロッテ、中日、ＤｅＮＡの四球団が残っています。七〇代のうちに、これら四球団のキャンプを見学して全球団制覇を達成したいと思っています。

現在のところは以上ですが、趣味のテニスはずっと続けることにして、あとどんなことをするかはそのうち考えることにします。残されたラストチャンスを有意義なものにし、無事に「八〇歳の壁」を突破できれば幸いと思っています。

著者プロフィール

金 崎 良 三（かねざき　りょうぞう）

1946年生まれ、福岡県出身、広島大学教育学部体育科卒業、東京教育大学大学院体育学研究科修士課程修了、九州大学健康科学センター教授、佐賀大学教育学部教授、福岡女子大学国際文理学部特任教授、佐賀県スポーツ振興審議会会長、九州体育・スポーツ学会会長を歴任。2016年3月に定年退職。佐賀大学名誉教授、ニュージーランド学会会員。
著書は、『生涯スポーツの理論』（不昧堂出版、2000）、『教育・体育・スポーツに生きる』（西日本新聞社、2012）、『スポーツ in ニュージーランド 小さなスポーツ国家の実相に迫る』（一粒書房、2020）、その他共著多数。

待ってました！ 70代

2022年12月20日　初版発行

著　者　**金　崎　良　三**
発行所　㈲ 花 書 院
〒810-0012 福岡市中央区白金2-9-2
電話　092-526-0287
印刷・製本／城島印刷株式会社
